¡Qué esto cambie!

FLOR DE MARÍA MORALES PETERSON

¡Que esto cambie!
© 2025 Flor de María Morales Peterson.
Reservados todos los derechos.

No se autoriza la reproducción de este libro ni partes de este en forma alguna, ni tampoco que sea archivado en un sistema de almacenamiento de información o transmitido por algún medio (electrónico, mecánico, fotocopia, grabación u otro) sin permiso previo y por escrito de los editores.

Reditado por:
Ediciones LineaViva

Cubierta y diseño interior: Jannio Monge Corrección de texto: Dra. Margarita Santos, Revisiones bíblicas: Lynnette Morales Santos

Todas las referencias bíblicas fueron tomadas de la Biblia Reina-Valera, revisión de 1960, a menos que se indique otra fuente.

ISBN: 978-0-9980394-3-5
Categoría: Crecimiento personal

Elogio

*¿Qué pagaré a Jehová por todos
sus beneficios conmigo?
Tomaré la copa de la salvación [...]
Ahora pagaré mis votos a Jehová delante de todo
su pueblo.* Salmos 116:12-14

Señor, vengo postrada y con mi corazón agradecido a glorificarte. Gracias, Padre Eterno por el Cordero inmolado. ¡Mi Señor!, el León de la tribu de Judá, la raíz de David, quien me ha llamado a triunfar y me dijo: *No llores, ¡hecho está!* Gracias; eres maravilloso. Con reverencia, me uno al nuevo cántico de los que se postran ante ti en el cielo:

[...] Digno eres de tomar el libro y de abrir sus sellos; porque tú fuiste inmolado, y con tu sangre nos has redimido para Dios, de todo linaje y lengua y pueblo y nación; y nos has hecho para nuestro Dios reyes y sacerdotes, y reinaremos sobre la tierra. Apocalipsis 5:9,10

¡Aleluya al Señorío de Cristo!

[...] todo fue creado por medio de él y para él. Y él es antes de todas las cosas, y todas las cosas en él subsisten y él es la cabeza del cuerpo que es la iglesia, el que es el principio, el primogénito de entre los muertos, para que él en todo tenga la preeminencia. Colosenses 1:16-18

Al más importante de la vida, la meta de todas las cosas: sin Él, nada es.

La indivisible Deidad. El "YO SOY" (Dios Padre, Hijo y Espíritu Santo).

¡Gracias, gracias, gracias! por su fidelidad al pacto, justicia, santidad y gloria. Por amarme incondicionalmente, por llamarme, por elegirme y por empoderarme para el ministerio de amor y servicio en su reino eterno. Por los dones, promesas, bendiciones y beneficios espirituales. Por la revelación, la inspiración, el torrente y la inundación de visión del Espíritu Santo. Señor, te agradezco las pruebas de fe.

Pero recibiréis poder, cuando haya venido sobre vosotros el Espíritu Santo, y me seréis testigos...
Hechos 1:8

Señor, toma mi libro. ¡Gracias por abrirlo!
A ti la alabanza, la honra, la gloria y el poder, por todos los siglos.
¡Gracias!

Dedicatoria

A la memoria de mis padres, Mami y Papi; el secreto de mi existencia. Juntos y unánimes, en medio del amor, fueron inseparables; y, en medio del dolor, fueron fieles e inquebrantables. Pedro Esteban Morales Isaac y Flor de María Peterson Torres. Flor y Pellín: piadosos, amorosos, memorables e inolvidables. Se aseguraron de crear en mí un fundamento sólido con grandes dosis de amor, sabiduría, valores y principios eternos. Ellos hubieran disfrutado y celebrado este libro. Murieron mirándolo desde lejos, lo creyeron y lo saludaron.

Capellanes Pedro Luis y Víctor Hiram, dos veces mis hermanos, siervos, una especie en peligro de extinción. El respeto espiritual de ellos hacia mí me hace llorar. Pedro y Víctor son nobles e increíbles. Su amor es completo. Son como grandes luces encendidas en medio de un mundo obscuro. Sacrificaron sus vidas al cuidado de nuestros padres, con una devoción indescriptible. Desde que nuestros padres perecieron, son mi padre y madre.

Al Pastor Dr. George E. Phillips y a la *Saint Thomas Assembly of God Church, VI*. "El General", genial, coronado de dones, elocuente; después de que lo concibieron, botaron su molde. En medio de un "oasis de amor y esperanza" me engendró, consoló, entrenó y empoderó en el vientre del Espíritu.

María Antonia "Toñita" Sanjurjo, viuda de Oquendo: mi gran amiga. "María de Calcuta", compasiva, visionaria, respaldo espiritual, compañera de intercesión. Su indudable don de ciencia, entendimiento, paciencia y resiliencia me deja boquiabierta. Me profetizó como "Icono" para las naciones. Se ha cumplido. De ella se puede escribir un libro.

Empresarios Edmundo "Mundooo" Zayas y Milagros García de Zayas, mis compadres y entrañables amigos. Él me dio la llave de la oportunidad empresarial, me abrió espacio para establecer negocios, me colmó de favores y me apoyó sin ataduras. Nace el amor entre Mundo y Mila, siempre juntos. "Compadres" que han estado fieles para mí entre proyectos e inventos, haciéndole honor a las palabras amor, amistad y hermandad. Mila, generosa, detallista, amiga del alma, da con liberalidad y tiene un sentido de humor refrescante.

¿Y cómo podría ignorar a 'Joe'? José J. Torres Ocasio, quien fue el amor *'pikina'* de mi vida. Nuestro amor cambió de forma; su contribución es incalculable.

Agradecimiento

Dad gracias en todo, porque esta es la voluntad de Dios [...] en Cristo Jesús. 1 Tesalonicenses 5:18

Tengo una familia unida y armoniosa. Un núcleo pequeño, pero su grandeza me conmueve profundamente. Aunque algunos de ellos no han contribuido directamente a la inspiración de este libro, sí lo han hecho indirectamente con su amor y sus vidas ejemplares. Gracias.

Mujer virtuosa, ¿quién la hallará? Porque su estima sobrepasa largamente a la de las piedras preciosas. Proverbios 31:10

Gracias a Magdalena Bulerín Encarnación, mi hermana, quien siempre está a mi servicio. Me llama "Mi pastorcita". No conoció a su madre, ni a su padre, ni a sus familiares; solo tiene un vago recuerdo. En su orfandad enfrentó el abandono, el desamor y los maltratos con valentía. Gracias a Dios por enviarla a nuestras vidas. Un maestro de escuela puede hacer la diferencia. Flor (mami) Peterson la adoptó en nuestra familia. *Muchas mujeres hicieron el bien; más tú sobrepasas a todas* (Proverbios 31:29). Ahora Magdalena es matriarca de su bella familia. Todos, José "Cheo", José Jr., Migdalia, Milagros, Laila y Diego, miran hacia mí como tía mentora modelando y apuntando hacia el Señor Jesucristo.

Gracias a Lynnette Morales Santos, "Hinjala", mi sobrina. El cristal y marco con el que ella me ve solo se encuentra en el cielo. En medio de las pruebas, su vida ejemplar de fe, oración, sacrificio, sabiduría, entusiasmo e integridad es de emular. Los nenes, Gabriel y Daniel, me apodan "Titi Aleluya".

Gracias a Mónica L. Morales Berrios, mi sobrina bien sazonada, es de armas tomar, perseverante, abnegada, emprendedora, jovial. Me dijo: "Titi, tú eres mi mentora espiritual". Para Mónica, Luis Alfredo, Jannelle, Kiara, Ezekiel y Ricardo, mi sobrino, soy espiritualmente vital.

Gracias a las capellanas María J. "Mary" Figueroa Dieppa y Vivian "Viví" E. García Maldonado, mis dos valiosísimas cuñadas. Ellas reconocen el ministerio, tienen el don de servicio. Siempre están dispuestas a servir y añadir valor. Fueron nueras sacrificadas y ejemplares. Ayuda idónea en amor, dedicación y fidelidad a mis dos hermanos; son encomiables. Modelos de la mujer enfocada en su familia; sabias y resistentes.

Gracias a Felicita Donastorg y Mytsokoo King, mis primeras amigas cuando llegué a St. Thomas, Islas Vírgenes, en 1979. Construyeron un refugio para mí: Dos mujeres invaluables, espirituales, cultas, asertivas y estratégicas, que aceptaron mi llamado. Para ellas soy especial amiga y joya espiritual.

Gracias a la pastora Rosanna I. Manzueta, quien me abrió las puertas de su iglesia y púlpito. Para la asamblea hispana "solo visible" yo no era el prototipo externo de un ministro. No pudieron ver el tesoro de Dios escondido dentro de esta "frágil vasija de barro". En la vida, algunas puertas no se abren hasta que Dios dice: "¡Basta!".

Llegó Manzueta a St. Thomas y dijo "Yo le creo a Dios". Hicimos historia, fundamos el primer Instituto Bíblico Hispano de la Universidad Teológica Caribe de la Iglesia de Dios en St. Thomas. Ahora, unánimes, recorremos con el Instituto Bíblico Sabiduría y SEBID de la Iglesia de Dios, el Caribe Hispano, Islas Británicas y Neerlandesas, predicando, enseñado y liberando vidas, dejando un legado eterno de amor, fe y esperanza.

Gracias a la ministro, capellana Sandra Ventura, dominada por la pasión al reino del Señor Jesucristo. Mujer que discierne, laboriosa, militante; una servidora cercana y 'esclava' de todos. Precursora incansable de los derechos de los hispanos e inmigrantes. Con espíritu de excelencia, Sandra tuvo una destacada y acertada participación en mi integración a la Iglesia de Dios. Validando y respetando mi llamado, educándome e instruyéndome, me guió paso a paso en el conocimiento del gobierno y disciplina de nuestra Denominación. Directamente me puso en las manos del Obispo Territorial. Sandra me distingue en gran manera, en el Señor. Tuve el privilegio de entrenarla y ordenarla como capellana de la *Federation International, Inc.*

Gracias al empresario Arturo Soto, teólogo autodidacta, ya fallecido. Un sabio y amoroso servidor de Jesucristo, así como defensor de los inmigrantes en las Islas Vírgenes Americanas. Sus suculentos almuerzos teológicos fueron una escuela. Me ayudó a profundizar en las leyes de interpretación bíblica y su exégesis. Él estaba escribiendo un libro que no llegó a publicar, titulado *Lo que la gente dice, qué la Biblia dice, qué la Biblia no dice!*

Gracias al ejecutivo José Colón Berlingeri, exdirector territorial de AFLAC PR/VI, compañía Fortune 500. Persona influyente de gran calibre humano, líder clave en diferentes etapas de mi metamorfosis profesional. En un momento crucial, José Colón también vio más lejos y profundo de lo que otros pudieron ver en mí. Me apoyó, entrenó e invirtió tiempo, trabajo, dinero, sabiduría, y me enseñó a trabajar en equipo.

¡Cuán agradecida estoy también con *American Family Life Assurance Company*, en Columbus, Georgia! Son excepcionales. Fui un embrión profesional en sus manos artesanales. Gracias al liderato, gran impulso de entrenamientos, fertilidad y productividad he podido dejar un legado profesional en las Islas Vírgenes Americanas, en sus etnias, y mantener mi calidad de vida financiera.

Gracias a la iglesia espiritualmente "invisible", la tan anhelada que fue comprada con la sangre del sacrificio del Señor y Salvador Jesucristo. Un hallazgo afortunado, un lugar donde he sido procesada con el martillo demoledor eléctrico hasta pulverizarme, pero también el mismo lugar donde he recibido santificación, sanidad interior, discernimiento y gran empoderamiento. Descubrí tesoros escondidos, la verdadera iglesia, un remanente santo de hermanos fieles, llenos de fe, llenos de misericordia y poder del Espíritu Santo. Gracias a la congregación llamada 'iglesia' solo porque es visible. Son una 'odisea': espiritualmente ciegos, faltos de amor, ruidosos y llenos de artimañas.

Gracias también a los asalariados, impostores, falsos maestros, hombres sensuales vestidos como ovejas, pero que en realidad son lobos rapaces. Víboras, escorpiones, a quienes uno espera encontrarlos en la trayectoria de la vida, pero no dentro de la congregación de la iglesia local. Me dejaron perpleja, y me tomó mucho tiempo y lágrimas entenderlo. ¡Gracias! Pero Dios es soberano. Todo lo que ocurre en el transcurso del trayecto tiene una explicación divina. Y dijo José: *"Vosotros pensasteis mal contra mí, mas Dios lo encaminó a bien, para hacer lo que vemos hoy, para mantener en vida a mucho pueblo"* (Génesis 50:20).

Gracias a Myrna Rosado. Hay que oír y discernir cuando Dios está hablando y específicamente guiando. Conocí a Myrna en un ciclo, una cita de favor divinamente orquestada; allí me inspiró a hacer de mis libros algunas series.

Gracias a la gente "anónima", que, sin saberlo y a través de experiencias, intercambios, conversaciones, conflictos e insignes contribuciones, son como granos sólidos de oro macizo.

Gracias a mis lectores, quienes luchando en medio de tantos retos, coincidieron con este libro, y aun cuando tenían otras opciones lo escogieron y honraron.

¡Gracias! Todo este proceso ha sido muy gratificante.

¡Muchas gracias! Amado y amada, estoy a su servicio.

Preámbulo

En mi migración hacia St. Thomas, Islas Vírgenes, mi nido familiar hispano se desvaneció y, como soy nativa de Puerto Rico, me encontraba "perdida". La adaptación fue un choque cultural. En mí había ruptura, fragmentación física, emocional y sentimental. Entendí que era un tiempo de evolución. Un nuevo camino y enfoque serían necesarios, pero me percibía maniatada y también impotente.

Todo sucedió en medio de dos catastróficos huracanes. Uno de ellos fue *Hugo*, en 1989, el cual actuó como un proceso transformador intensamente evidente. Las rupturas continuaban, y una gran extensión de mí seguía siendo removida. Mi piadosa e inigualable madre (mi otro yo) había partido con Cristo. Los escombros del dolor se amontonaban y resultaban intimidantes para mí. Me sentía en duelo, entristecida, sola, abandonada y hasta inadecuada. Eran tiempos crucialmente importantes. Luego, vendría la otra sacudida, en 1995 el huracán *Marilyn*. ¡Oh, cuánta discrepancia!

Transcurrió el tiempo. Recuerdo que, llorando y postrada en oración, clamé al cielo y grité intensamente: "¡Dios mío, que esto cambie!". En el acto, Dios contestó a mi espíritu y me dijo: "Cambia tú, así lo demás cambiará". Tenía ya la madurez, la solidez y certeza de que Dios cumpliría Su propósito en mí. Bien lo dice la plena (canto puertorriqueño): *Temporal, temporal, qué terrible el temporal*. Las pruebas y las circunstancias nos azotan, pero ¡todo lo físico es temporal! Después de 25 años de casada, me divorcié de mi gran amor. Me tomó siete años sanar. Por supuesto, me encontraba devastada, pero no me daba por vencida. Entre lamentos, altas y bajas, llegó el año 2005, y mi amado padre partió con el Señor. Los cambios siempre vienen de camino. Mi fe, esfuerzos y perseverancia iban cuesta arriba.

Continué superándome espiritualmente para evitar al máximo las malas consecuencias de mi proceso de cambio. Y lo logré. Bajo la autoridad de un filtro espiritual selectivo atendí mi llamado, logré incrementos, así como educarme en áreas ministeriales y profesionales. Desarrollé mis dones y por primera vez fui ordenada al ministerio. Mi pastor y mi iglesia *Saint Thomas Assembly of God* fueron determinantes y extremadamente útiles en mi cambio, cuidados, conectividad y continuidad. Ellos me preservaron y ahora existía una nueva matriz profética, la cual tenía nuevas implicaciones. A pesar de los riesgos y las necesidades básicas que estaba enfrentando, me atreví cual novata a incursionar en áreas profesionales de total desconocimiento. Ellos me preservaron y ahora existía una nueva matriz profética, la cual tenía nuevas implicaciones. Ahora yo tenía otra innovadora visión, además de empoderamiento espiritual, profesional y financiero.

La magnitud de los cuidados en mi desarrollo y madurez por parte de un gran equipo de líderes visionarios empresariales y amigos inmortales del alma me dieron el empuje profesional. Tenían mucha visión, estructura y planificación, y yo iba de camino con ellos. De pronto, me encontré escalando hacia el umbral del éxito.

Posteriormente me jubilé; pero la carrera no ha terminado aún. *"[...] pero una cosa hago: olvidando ciertamente lo que queda atrás, y extendiéndome a lo que está delante, prosigo a la meta, al premio del supremo llamamiento de Dios en Cristo Jesús"* (Filipenses 3:13, 14).

Mi Señor, Dios ha mitigado, compensado y sanado todas mis pérdidas y heridas. Ahora, en 2018, a mis 69 años, estoy en medio de los escombros de otros dos nuevos y devastadores huracanes: Irma y María. Pero, aun en medio, he renacido para la culminación y el cumplimiento de mi gran propósito. Estoy en fecundidad, visiblemente y significativamente preñada de ideas espirituales sanas y literarias para el largo plazo.

Al sumergirte en estas páginas, cobrarán vida y podrás identificarte con su profundo contenido. Las imágenes y el diseño ayudan a comunicar una serie de simbolismos que te sumergirán, y, juntos, entretejerán elementos espirituales que te dejarán maravillado. A través de la profunda analogía de la mariposa y sus cuatro ciclos de desarrollo busco ejemplificar el fenómeno del cambio.

Desde una nueva perspectiva, mi objetivo es ofrecerte inspiración, exhortarte al cambio, darte fortaleza y sustento, así como un conocimiento profundo de las riquezas espirituales escondidas en palabras clave y expresiones en sentido figurado. Por medio de figuras retóricas como el símil y la metáfora, busco proveerte de recursos bíblicos indispensables para tu éxito, porque, al igual que yo, sé que estás anhelando: *¡Que esto cambie!*

El contenido de este libro tiene sustancia, calidad y dimensión. Los mensajes te llenarán de poder para que vueles majestuosamente por la vida, ahora con novedosos y ricos colores espirituales con los que Dios te ha creado. Al paso encontrarás versículos bíblicos reveladores que serán respuestas, soluciones, ilustraciones interesantes o definiciones con verdades que te liberarán. *"Porque yo Jehová no cambio"* (Malaquías 3:6).

Dios *no se muda ni tiene variación*. Él es F*iel y Verdadero*. A aquel que no cambia, los hombres rogamos: ¡Que esto cambie!

Índice

Introducción /21

Capítulo 1
¡No te conformes! /27

Capítulo 2
Hay que ver /33

Capítulo 3
Tu proceso /41

Capítulo 4
Etapas simbólicas de la mariposa /119

Capítulo 5
Tu decisión /127

Capítulo 6
Tu restauración /163

Capítulo 7
Decreto de fe /171

Acerca de la autora /237

Introducción

El tema central de esta obra es el anhelo sustancial que toda alma experimenta cuando clama por el cambio de aquello, de esos asuntos específicos que solo su alma conoce. Cuidé de dotar este proyecto con un gran contenido, rico en analogías, simbolismos e intencionalmente ilustrado. Está dirigido a todos aquellos interesados en el conocimiento de los cimientos transformadores desde una perspectiva espiritual y bíblica. Espero que sin distinción otros también se interesen y que se acerquen a disfrutar de las riquezas de este libro.

Escalar para llegar con éxito hasta aquí ha sido un largo proceso de cambios enriquecedores: dolores, soledad y silencio. Estos tres personajes distintivos de la vida me asaltaron unidos, pero no pudieron frustrarme ni aniquilarme. Al contrario, los he convertido en mis aliados. Llegaron con malas actitudes, disfrazados y amedrentando. Se metieron en mi casa, pero clamé: *"¡Que esto cambie!"*, y entonces comencé a ahuyentarlos. Pensé que no debía convivir con ellos, además de que no son nada atractivos. Ciertamente, eran enemigos indeseables y han lastimado a muchos, pero decidí que a mí no me dañarían. En el proceso me aguijonearon, pero ante esta aparente desventaja, decidí:
- Que la soledad me provocara utilizar ese tiempo valioso para orar, vaciarme, adorar y llenarme. Conocer más a la persona del Espíritu Santo y su poder para sanarme.
- Que el silencio, con sus susurros proféticos e inspiradores, superara los ataques mentales, llevándome a escuchar a Dios, escudriñar su Palabra, obedecerla y escribir.

- Que los dolores produjeran en mí entrega, autenticidad y compasión.

Así pues, te ofrezco ahora el primero de una serie de libros de transformación y sanidad interior, con temas que se entrelazan y refuerzan con lazos consistentes. Toda la serie contribuirá al valor del seguimiento para enriquecer tu vida, tu futuro y tu esfuerzo sostenido hacia un exitoso horizonte espiritual.

Por doquier se oye un grito de angustia: la naturaleza clama, y la gente clama. Consternados, ante el caos hay un mensaje enfático que grita: *¡Que esto cambie!* Escrito está:

Porque sabemos que toda la creación gime a una, y a una está con dolores de parto hasta ahora; y no solo ella, sino que también, nosotros mismos...
Romanos 8:22,23

Toda la creación gime ante la expectativa, porque en el fondo estamos en espera de "algo". Este regalo precioso de la vida definitivamente está preñado y con dolores. En medio de tantas bendiciones y beneficios estamos como la mujer que está dando las señales de su alumbramiento, porque ya se le está cumpliendo el término.

El Creador en su justicia y plan maestro le encargó la administración de la tierra al primer hombre y su mujer. Ante la caída y desobediencia por sus decisiones equivocadas, violaron las leyes espirituales y se metieron en aprietos, cambiaron lo que estaba prohibido cambiar. Como consecuencia, entró a la tierra la ley de la muerte y del pecado, que sujeta a la creación a esclavitud, con consecuencias en cadena.

Y al hombre dijo: [...] maldita será la tierra por tu causa; con dolor comerás de ella todos los días de tu vida. Génesis 3:17

Dios es el dueño y Creador del universo. Él otorgó al hombre la autoridad para administrar, pero este cedió el gobierno de la tierra al usurpador: el diablo y su imperio antagónico de tinieblas. Adán cedió la autoridad conferida por Dios, y junto con su mujer entregaron sus vidas y la administración de la tierra a una criatura que, habiendo sido poderosa y preciosa, ya había caído de su gloria y se convirtió en el máximo opositor de Dios. Adán y Eva erraron el blanco: cambiaron el gobierno divino de la dispensación de la inocencia por un gobierno espiritual destructivo. Ellos no asumieron responsabilidad, se avergonzaron y trataron de esconder su desobediencia y transgresión a la ley dada por Dios. Y no corrieron hacia Dios, sino que con dolor se escondieron. Habían caído. Dios tomó la iniciativa y fue a buscarlos, solo Él podía levantarlos.

¿Estás siendo invadido por dolores y estás abrumado por la vergüenza? ¿La presión interna es tal que parece que vas a estallar y no ves escape alguno? ¿Estás en la zona de proceso y transición?

Recuerda que esta etapa no es permanente. No te escondas del único que puede levantarte y hacerte permanecer. No tomes decisiones movido por la culpa. Efectivamente, todo proceso de cambio trae consigo dolor en gran medida, pero el producto final traerá paz. Sí, todo cambia. Lo que era ya no es, y lo que es ya no será. El ayer pasó, el hoy también pasará y el mañana aún no ha llegado, así que esto *también* cambiará. Todo cambia conforme pasa el tiempo. Quizá estés avergonzado y triste, anhelando borrar lo que parece imborrable. La Biblia define la palabra vergüenza como "oprobio". No te angusties. Dios borra.

Yo, soy el que borro tus rebeliones por amor a mí mismo, y no me acordaré de tus pecados. Isaías 43:25

Hoy es un día importante. Tendrás opciones. Si lo permites, hoy, el poder sanador de Dios te tocará y removerá el velo que te ha estado ocultando *esto* con aquellas otras cosas espirituales que ya deberías saber y aplicar para tu beneficio. Desde una perspectiva profundamente espiritual, verás el lugar donde te encuentras y hacia dónde deberás ir para que puedas hacer y cambiar lo que debes cambiar. Tu *antes*, tu *durante* y tu *después* comienzan y terminan con el Creador. Dios es el iniciador y consumador de la vida. Él es el artífice y está trabajando contigo. Sin embargo, el príncipe de este siglo tiene el claro objetivo de hacerte la guerra espiritual y provocarte una crisis para destruirte. Quiere matarte. Pero en Dios tienes al gran defensor, protector, mediador, guerrero, justo juez eterno.

Las crisis tienen la capacidad de generar ansiedad y hacernos ver las cosas más graves de lo que son. Se trata de situaciones difíciles o criterios que no podemos ignorar ni tomar con liviandad. A nuestros alrededores observamos caos, situaciones de injusticia, violencia, llantos, sufrimientos, calamidades, catástrofes individuales, nacionales e internacionales, todo tipo de pérdidas, cosas que nos dejan sorprendidos, nos hacen estragos, nos dejan vacíos, insatisfechos e inestables. La acción y efecto de estas situaciones adversas nos están dando la voz de alarma de que ha llegado la hora, el momento oportuno de juzgar y de hacer cambios urgentes y trascendentes. Es tiempo de inconformarnos y gritar: ¡*Que esto cambie!*

Verás cómo puede lograrse.

CAPÍTULO UNO

¡No te conformes!

Tú eres un ser peculiar, embajador del reino y agente de cambio.

¿Estás envuelto en medio de una niebla, imposibilitado o empañado por su densidad? ¿O en tu ambiente existe la incertidumbre de algunas neblinas o bruma?

> **TU PORCIÓN**
>
> Que Dios inunde de su luz los ojos de tu entendimiento espiritual. El Espíritu Santo es el gran agente antiniebla. Él favorece tu visibilidad espiritual. Dentro de tu corazón está la disposición de ver, el poder del cambio y la calidad de tus años de vida por venir, pero necesita la fuerza milagrosa de Dios para hacer realidad ese cambio.

No os conforméis a este siglo, sino transformaos por medio de la renovación de vuestro entendimiento...
Romanos 12:2

Para Dios, el hombre es la totalidad de espíritu, alma y cuerpo.

Y el mismo Dios de paz os santifique por completo; y todo vuestro ser: espíritu, alma y cuerpo...
1 Tesalonicenses 5:23

Cuando tu mente se amolda al dolor o a una vida física desbalanceada, hay un reto por delante.

¿Habrás entregado tu alma al dolor, a la vergüenza, al placer, prestándole más atención a lo externo? Nuestro corazón necesita una operación con la intervención del cirujano divino. Para todas aquellas enfermedades espiritualmente cardíacas, Dios tiene el remedio divino.

El pueblo de Israel iba camino hacia una nueva dirección, pero codiciaba cosas inferiores a las que Dios les estaba prometiendo. Iban camino hacia las promesas arrastrando la esclavitud del pensamiento de Egipto. Desde el punto de vista geográfico, habían salido de Egipto, pero Egipto aún no había salido de dentro de ellos. En el desierto había nacido una nueva generación. Tanto la vieja como la nueva generación necesitaban un cambio imprescindible. Llegaron a Gilgal llenos de la vergüenza de su pasado en Egipto. La nueva generación no había experimentado aún la alianza espiritual. Esta gente no era común, eran peculiares, el pueblo del pacto, una exclusiva posesión de Dios, el pueblo de la alianza divina (ver Deuteronomio 26:18,19).

Camino a su nueva vida, a su paso por el desierto, tuvieron una operación en la que había que removerles el tejido. Allí mismo en Gilgal, el lugar donde experimentaron una circuncisión dolorosa como requisito de su compromiso y pacto divino, fue el mismo lugar donde Dios exhibió su sanidad. Allí Dios removió su vergüenza.

Hoy he quitado de vosotros el oprobio... Josué 5:9

Gilgal = rueda de piedra. **Galal**= rodar / Dios rodó la piedra.

En su periodo de transición, ellos se quedaron en el campamento hasta que sanaron sus heridas.

TU PORCIÓN

No te avergüences más; tu herida sanará. Tú reconoces el lugar de tu vergüenza y aflicción, pero no sabes dónde Dios exhibirá tu victoria. Hay esperanza, Él rodará tu piedra, borrará tu vergüenza y sanará tu aflicción. No temas. Ese *esto* cambiará. Cuando las impurezas sean removidas, tu honor se hará evidente.

En lugar de vuestra doble confusión y de vuestra deshonra, os alabarán [...] poseerán doble honra y tendrán perpetuo gozo. Isaías 61:7

No temas, pues no serás confundida; y no te avergüences, porque no serás afrentada, sino que te olvidarás de la vergüenza de tu juventud y de la afrenta de tu viudez no tendrás m emoria.
Isaías 54:4

No te conformes, el luto de la vergüenza huye ante la promesa de Dios.

Ánimo. Debemos tomar conciencia de que Dios está interesado en ti como un todo. Todo tú, toda tu esencia: espíritu, alma y cuerpo. Tú no eres un fragmento causado por un accidente cósmico o por la evolución de un animal, eres alma viviente y la suma total del diseño y detalles específicos de la mano divina. Por eso, Dios te dice hoy: Ven, conoce tu identidad, yo te formé, deseo renovarte.

> *No fue encubierto de ti mi cuerpo, bien que en oculto fui formado, y entretejido en lo más bajo de la tierra.* Salmos 139:15

Cuando la Biblia habla de 'formar', se refiere a la mano de Dios como escultor, quien entreteje a detalle y con orden. Cuando niña, recuerdo haber visto a madres y abuelas tejiendo sentadas en un sillón que se mecía una y otra vez, algo que todavía disfruto ver en mi cuñada Mary y prima hermana Raquel. Mientras sus manos están en un movimiento rítmico, repetitivo, están muy conscientes de lo que quieren crear con la aguja de tejer y sus ojos fijos en un proceso minucioso; son cuidadosas y con paciencia seleccionan cada detalle de hilos, colores y diseños y el material más maravilloso para sus obras. De igual modo, tú fuiste cuidadosamente formado, entretejido y compaginado. ¡Tú eres una maravilla! Señor, *formidables son tus obras*.

En la historia del arte, dentro de todo lo auténtica, formidable y maravillosa que pueda ser una obra, con el paso del tiempo y más allá de los méritos del autor, esta necesita cuidados y muchas veces restauración. Por tanto, Dios cuida la calidad de su obra.

> *Pero me dirás: ¿Por qué, pues, inculpa? porque ¿quién ha resistido su voluntad? Mas antes, oh hombre, ¿quién eres tú, para que alterques con Dios? ¿Dirá el vaso de barro al que lo formó: ¿Por qué me has hecho así? ¿O no tiene potestad el alfarero sobre el barro, para hacer...* Romanos 9:19-21

El hilo y la aguja no pueden resistirse al que teje; tampoco el barro puede resistirse a la mano del alfarero. Dios quiere moldearnos, y no podemos resistirnos a su voluntad. Nuestras vidas están hechas de tantos detalles que ignoramos, pero pasamos toda una vida complaciendo nuestros deseos y acomodándonos a nuestros sentimientos, emociones y placeres efímeros. El alma se resiste y manda porque se identifica con lo natural y físico; se alimenta conforme a los apetitos sensoriales. Pero el que se conforma no se trasforma, se resigna, no lucha y rechaza todo lo que signifique cambio, justificando su condición, mediocridad y hasta sus pecados.

Te habrás fijado en que, en gran medida, lo que acostumbramos a cambiar es la manera en que hacemos las cosas, el diseño y el lugar donde las hacemos; pero muy pocas veces dirigimos nuestra atención al por qué las hacemos. Podríamos decir que nos quedamos como si estuviésemos podando las ramas de un árbol, en vez de profundizar en las raíces del problema. Esto es querer arreglar un problema sin tener el conocimiento para hacerlo.

[...] no os conformáis a los deseos que antes teníais, estando en vuestra ignorancia. 1 Pedro 1:14

Conformarse = Sistematizarse. Conformar al mismo patrón o sistema. Esquema de lo externo; lo superficial de este mundo ilusorio.

¿Estará desconcertada tu mente por la falta de claridad?

¿Qué visualizas?

CAPÍTULO DOS

Hay que ver

Visualiza el retrato mental de lo que anticipas.
¿De dónde vienes?
¿Hacia dónde vas?
¿Dónde estás?

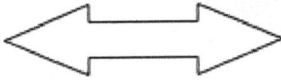

Ve con entendimiento una imagen enfocada, fija y exacta de tu proyección hacia el futuro.

Es, pues, la fe la certeza de lo que se espera, la convicción de lo que no se ve. Hebreos 11:1

TU PORCIÓN

¿Qué ves?
¿Qué rumbo llevas? ¿Hacia dónde? ¿Cuál es tu ruta?
Lo que ves no necesariamente es lo que es.
Recuerda que algunas cosas son nieblas, brumas, espejismos o ilusiones ópticas. Cuidado con lo que ves y cuidado también con aquello que no logras ver.

Los religiosos fariseos eran guías, pero estaban ciegos. Entonces, Jesús dijo: *"Dejadlos; son ciegos guías de ciegos; y si el ciego guiare al ciego, ambos caerán en el hoyo"* (Mateo 15:14).

> **Raa** = mirada = apoblepo
> **Apo** = de lejos
> **Blepo** = ver
> **Ver** = gr. eiden. Ver y creer con discernimiento, observar cuidadosamente.

Efectivamente, ver requiere dos acciones: ver y creer; observar cuidadosamente con entendimiento. "Ver y creer".

La ignorancia y no asimilar el conocimiento de la verdad produce incapacidad. Las Escrituras profetizaron detalladamente los acontecimientos, pero ni los líderes religiosos ni los discípulos lo habían entendido. No podemos mirar las cosas con óptanomai, es decir, con una visión mecánica.

Porque aún no habían entendido la Escritura...
Juan 20:9
No mirando nosotros las cosas que se ven [...] pues las cosas que se ven son temporales, pero las que no se ven son eternas. 2 Corintios 4:18

Ver es una acción espiritual, es mirar atentamente. Ver excluye y va más allá de la bruma que nos rodea. Ver de lejos conlleva concentración, es examinar, prestar atención, enfocarse y fijar la mirada en el objetivo. Tu visión incluye creencias, quién eres, cómo eres, qué crees, a quién le crees.

Pero tu visión o percepción puede nacer de diferentes fuentes, legítimas e ilegítimas, divinas o diabólicas. Jesús dijo a sus discípulos:

"[...] ¿qué discutís, porque no tenéis pan? ¿No entendéis ni comprendéis? ¿Aún tenéis endurecido vuestro corazón? ¿Teniendo ojos no veis, y teniendo oídos no oís? ¿Y no recordáis?" (Marcos 8:17,18).

Ver tu pasado es tu punto de referencia, pero no es dónde vives.

Ver tu presente es la puerta de la oportunidad, una intersección de opciones y direcciones.

Ver tu futuro es tu destino, donde tú decides a cuál intersección cruzarás.

Las paradas de la vida, porque son de dimensión terrenal, deben ser temporales.

Cuando nuestro mundo se desmorona, cuando las fibras de tu ser son conmovidas, ¡hay que ver más allá de nieblas, neblinas y espejismos! Para ver bien, el corazón no puede estar endurecido, porque un corazón endurecido conlleva en sí tinieblas, crea incertidumbre. Y un corazón *blando* no te pone en desventaja. No vivas más por la ceguera de los sentimientos, debes darte cuenta de que es vital vivir por el conocimiento de la verdad.

... y conocerás la verdad y la verdad os hará libres.
Juan 8:32

La verdad que conoces es la que libera, y tienes que vivir dentro de ti, debes llenarte de ella para poder verla dentro de ti y que la puedas vivir fuera de ti. Ver es dignarse a discernir, es entender, es un retrato mental de lo que anticipas y abarca mucho más que la vista física.

La fe ve, contempla lo invisible y tiene una imagen enfocada, exacta y fija hacia el futuro. Por más distante que haya sido la ruta por donde has atravesado y por más tediosas que hayan sido tus etapas, estas te han colocado donde estás para que logres ver la realidad y alcances el futuro a través de la verdad, la justicia y la paz. ¿Sabías que la verdad es absoluta? Pero hay que descubrirla, porque la verdad no es una religión, sino una persona: Jesús. Él no dijo que era *una* verdad o *una* religión, sino: "[...] *Yo soy el camino, y la verdad* ..." (Juan 14:6). Jesús es el conocimiento verdadero. Por tanto, la verdad no es ambigua, sino absoluta.

Aunque ciertas barricadas te impidan la visión o te bloqueen el paso hacia la libertad de la verdad, Dios podrá ofrecerte maniobras que te ayudarán a avanzar hacia el objetivo. Considera cuidadosamente que no debes andar a ciegas o a tientas como si estuvieras palpando el aire para que las nubes desaparezcan. Tu entendimiento no puede estar a oscuras, nebuloso o en tinieblas espirituales, debes ver. Ante tus ojos está la meta. La incertidumbre es una obstrucción o barricada que te está impidiendo llegar a la meta. Nosotros, como portadores de la fe, teniendo un caminar de propósito, tomamos la decisión de deshacernos de *esto*, de *cosas* que como tinieblas o bruma estaban residiendo en nuestros pensamientos y que se manifiestan a través de nuestras acciones y reacciones.

Desde la perspectiva espiritual, el tejido fundamental de la vida es el corazón del hombre. Todos tenemos una mente, todo un sistema de paradigmas, costumbres o tradiciones, de pensamientos y creencias, con percepciones y filosofías. Pero según nuestro Creador, los sistemas de cada uno de nosotros tienen que ser transformados. En el pensamiento bíblico la palabra *corazón* significa, *voluntad*. Es pues la mente el centro de operación del alma, es el corazón o asiento de la voluntad humana, es donde viven las emociones y sentimientos. El corazón en la Biblia no es precisamente el órgano físico ("cardio" o "corazón"), sino que son las entrañas del ser, donde reside la memoria y la razón, el entendimiento del ser. El corazón tiene una mente con la que imagina, especula, crea y demanda. Es por esto que Dios desea revertir nuestras mentes. En el idioma griego hay una palabra que puede ayudarnos a ampliar el entendimiento:

> **Anakainosis**
> **Ana** = nuevo
> **Kaino** = acentuar o renovar, sugiere restauración.

A través de un proceso en las manos del supremo artista, esta palabra connota la idea de que el daño hecho es revertido. El creador de la obra la restaura con mucho cuidado, llevándola a su punto original. Solo así queda otra vez nueva.

¿Sabías que Dios puede hacer nueva tu mente? La mente es como la matriz de la mujer, que engendra y se preña.

> **Heb. jará** = concebir

La Biblia nos ordena cambiar el patrón cuando nos dice que debemos rehacer nuestra mente y vida totalmente. En el griego original el apóstol Pablo utilizó una forma del verbo que intencionalmente implica una acción continua. La metamorfosis de la mente es un proceso que hace Dios con la cooperación y la sumisión del hombre. Dios centra su interés y prioridad en el desarrollo de las distintas etapas personales más que en el desarrollo de tus actividades y acontecimientos. Dios respeta la voluntad del hombre, por lo que solo cambia aquello que le permitimos que cambie. Él no intenta que seamos una versión mejorada o modificada de nosotros mismos, sino algo completamente diferente que refleje su carácter, su imagen de amor y pureza. Todos sabemos cómo los padres se sienten orgullosos cuando los hijos se parecen a ellos; ¡cuánto más se complació Dios en hacernos a su imagen y semejanza! En un momento trascendental para la raza humana, Dios decidió:

Entonces dijo Dios: Hagamos al hombre a nuestra imagen, conforme a nuestra semejanza... Génesis 1:26

Dios le dio a la raza humana el ADN eterno: tenemos su identidad. Somos más que seres biológicos y terrenales, somos un espíritu que tiene un cuerpo terrenal transitorio; individuos que se manifiestan gracias a una mente y dentro de un cuerpo físico. El espíritu, mente y cuerpo son la sustancia de la vida y no se pueden separar. Algo así como los estados del agua: hielo, líquido y gaseoso, tres formas distintas, una sola sustancia. El agua cambia solo su forma y apariencia.

Entonces, cuando se nos habla de cambiar, quiere decir *transformación*. La renovación es continua, y es un proceso que se puede comparar con la metamorfosis de un insecto, por ejemplo, una mariposa. Nuestro proceso de crecimiento y madurez lo podemos entender mejor si observamos la metamorfosis de la mariposa, quien se renueva continuamente a través de *cuatro etapas indispensables*. Los cambios de cada etapa son espectaculares y varían en su forma y función. Una etapa no es como la anterior, ni en estructura, apariencia ni propósito. Aunque esté en la forma o textura de huevo, gusano o pupa, eso no cambia el hecho de que su esencia es la de una mariposa. Con esto, podemos llegar a una conclusión puntual: *transformación* o *transfiguración*.

> Ríndete personal y voluntariamente a sus manos, para que el Espíritu Santo trabaje en tu interior en la creación de nuevos tejidos dentro de tu corazón.

El griego original bíblico del Nuevo Testamento utiliza la palabra *metamorfosis*, que significa: cambio de forma. Es de vital importancia entender que la transformación no tiene nada que ver con cambiar en lo superficial con portarse bien o mejorar nuestro aspecto físico, algún comportamiento o hábitos. Veámoslo de este modo.

Debido a un accidente o incluso a una enfermedad, un individuo podría estar sufriendo un daño funcional. Indiscutiblemente, esta persona se encuentra en desventaja y sabe de por sí que sus condiciones de vida han sido afectadas. Así que, en busca de una recuperación de la capacidad motora de su cuerpo, se propone entrar en un proceso de rehabilitación, con el propósito de modificar las deficiencias provocadas por su estado de discapacidad.

¡Qué esto cambie!

Esto resulta funcional y productivo gracias a una serie de procesos y tratamientos tanto físicos como psicológicos.

De este ejemplo aprendemos que cambiar es un proceso de fondo, sistemático, y no tan solo un simple maquillaje para cubrir una imperfección, pues hablando de la vida de una persona y de su necesidad de transformación, el asunto va mucho más allá de solo 'ocultar' *esto*. Se trata de un proceso de cambio total que debe surgir desde dentro. Transformación es mucho más que rehabilitación, y no la podemos lograr por nosotros mismos; necesitamos al especialista. Experimentar una transformación en nuestro carácter espiritual solo es posible a través de la gracia y misericordia que proviene del Creador, quien no distingue ni raza ni género, nos trata por igual.

Ríndete personal y voluntariamente a sus manos, para que el Espíritu Santo trabaje en tu interior en la creación de nuevos tejidos dentro de tu corazón.

CAPÍTULO TRES

Tu proceso

Un alma lacerada es un alma perforada; aunque sea una herida profunda o superficial, implica que algo causó una ruptura, pudiendo haber sido la causa un objeto liviano o pesado. Por lo tanto, la gravedad de las lesiones puede ser variable; y en la experiencia del sufrimiento se desborda alterando el estado de ánimo.

Al alma lacerada Dios le parece haber desaparecido. Pero siendo Él tu Formador y Creador, y entrando en su clínica de proceso sanador, Él te proporcionará los múltiples beneficios de un infalible plan de salud espiritual y sus terapias diarias en medio del dolor, recomendado por este Médico por excelencia.

En esta era tecnológica de la informática, 'proceso' es el concepto de una serie de métodos y operaciones sistemáticas y lógicas ejecutadas para obtener resultados específicos. En el proceso, se desarrolla y se avanza. Actualmente tus circunstancias podrán ser muy complejas, pero ¡Dios tu Sanador no dejará de ser fiel! Dios le permitió a su Hijo pasar por procesos de afrenta, de lo que parecía ser una derrota. A nosotros los procesos de las pruebas nos parece injustos y alarmantes, pero, en realidad, desde la vista panorámica espiritual y eterna, ellos tienen un panorama victorioso. Jesús fue triturado, con heridas penetrantes, despedazado, oprimido, lleno de dolores y lesiones, "varón de dolores, experimentado en quebrantos"; despreciado y desechado, pero había un propósito; sus angustias no fueron desperdiciadas por el Padre. Voluntariamente Jesús entró en la cólera divina en favor de la humanidad sufrida, para que la ira de Dios se apartase del creyente y sanasen por medio de Su perdón.

Los panoramas distorsionados nos ofrecen un cuadro gigantesco y una percepción errónea de Dios. Ampliando tu panorama, tu proceso será productivo y te sentirás liberado. Dios está a tu favor; Él te fortalecerá, sanará tus procesos, pensamientos, emociones y conductas.

Podrías encontrarte acongojado, orando, y tu contestación y liberación no llegó pronto, por lo tanto, te lamentas. *¡Estoy harto de males!* Ante el proceso de tus pruebas, la mente asaltándote experimenta una profunda sensación en intervalos de silencios, pero también de gritos y hasta cierto punto un sentido de abandono, y en clamor grita: "¡Dios mío, no me dejes solo!". Hay gente que están hartas de estar hartos de males. Un mal panorama puede evitar que veas desde una forma objetiva y espiritual, cuando en realidad la verdad es otra. Tu panorama te enseña que estás en la fosa más profunda y abandonado entre los muertos; rodeado de obscuridad. Parece que ya no tienes ni amigos ni remedio. Los incomprendidos en algún momento se sienten hartos de que los señalen por su prueba y vergüenza. Como si la mano de Dios no pudiera alcanzarles y rescatarlos de un pasado oscuro y un presente repleto de procesos.

¡En los procesos de pruebas, cerremos responsablemente los agujeros que nos hacen daño! Permitámosle a Dios restaurar nuestras perforaciones. Nakav es una palabra que en idioma hebreo literalmente significa "llenar de agujeros", como cuando una persona está llena de perforaciones, o es ametrallado con un arma de fuego. Date cuenta de que aquello que llevaba dentro se cuela por cualquier agujero, perdiéndose. Cuando un dardo de fuego del maligno te penetra, te hace una perforación en el alma y tu fe está en peligro de menguar. Recuerda que Dios está por encima de todos los acontecimientos. La ansiedad toma su turno y alguna gente sufrida juzga injustamente. Entendamos que tenemos un Sumo Sacerdote que no es indiferente. El ojo de la fe nos da un panorama distinto al de los ojos del dolor. Es natural que una persona buena, piadosa y luchadora pueda llegar a desalentarse, pueda tener miedo, nerviosidad, frustración, una posible tristeza y agotamiento, llegando a conclusiones sombrías sobre su final.

Los agujeros están precedidos por impactos. Entonces, dominado por las emociones y el mecanismo de supervivencia, siendo un valiente de fe, audaz y victorioso, ahora podrías estar con miedo y vagando sin paciencia por un desierto mental. Creyendo que esto resolverá el problema, los adoloridos se desahogan y en un grito desesperanzado dicen: *¡ya no aguanto más!* Anteriormente, en los días de mayor éxito, su fe había sido invencible, pero ahora ante esta nueva prueba puede encontrarse vulnerable y temerosa.

El Dios que ayudó con anterioridad a vencer es el mismo Dios que en este nuevo proceso seguirá fiel y disponible; el que volverá acudir una y otra vez con Su ayuda para que en fe puedas vencer ahora también.

Posiblemente una percepción equivocada del proceso es parte del problema. En la Biblia, profetas experimentando el agobio, en vez de pedirle refugio o consejo a Dios, con ideas autodestructivas le pidieron erradamente a Dios: *¡quítame la vida; ¡ya no aguanto más!* Otros en el proceso se quedaron dormidos. Pero aun estando dormidos, Dios interrumpe sus sueños para con una visitación angelical revelarles, fortalecerles y equiparlos con una provisión práctica.

Hoy en día tenemos a disposición al Ayudante máximo y gran Consolador, el Espíritu Santo. Sin embargo, en las pruebas personales o colectivas, desconcertados, algunos pueden cambiar de panorama hacia sentimientos de rebeldía y resentimientos con Dios. Alguien así podría hasta preguntarse: *¿hasta cuándo estarás escondido, Señor?* ¿Será que Dios se esconde para no responder?

En la experiencia del profeta bíblico Elías (1 Reyes, capítulos 18 y 19), durante su depresión se sintió solo, quería huir y deseó morir; entonces se acostó a dormir. Estando dormido Dios lo despertó. El ángel lo tocó y le ordenó: *Levántate y come pues tu viaje es largo y tedioso.* La trayectoria y el proceso largo podría convertirse en algo desconcertante. Su misión o asignación no había terminado. ¿Y tú a qué le atribuyes la crisis de tu proceso?

Elías, después de una victoria avasalladora ante un ejército de hombres, se acobardó y se lo atribuyó a una mujer. En el proceso comió, bebió y se acostó de nuevo, porque tenía deseos de ¡hacer nada!

Este hombre recibió nuevas fuerzas sobrenaturales para proseguir y completar su proceso de vida y misión. Se aisló, se encerró en una cueva, pero Dios en la cueva lo encontró y allí se le reveló de nuevo. *¿Qué haces aquí en la cueva?*; dando Elías una explicación y concluyendo que él era el único profeta que quedaba y que huía pues lo buscan para quitarle la vida. Dios le tuvo que recordar que había un remanente que no habían doblado sus rodillas a otro dios y a su idolatría. En las escrituras bíblicas vemos hombres y mujeres que, aferrándose a pensamientos de un panorama equivocado como secuelas en la transición, experimentaron grandes crisis que se podrían haber evitado. ¿Qué los llevó a este estado? Como tantos otros hombre y mujeres de fe, desenfocándose, distorsionaron sus miradas y también se sintieron por un momento autosuficientes e indispensables en una particular transición, convirtiéndose en sus propios enemigos.

En otro orden encontramos a un remanente que no había hecho mucho ruido, pero en sus procesos se mantuvieron fieles y enfocados en el panorama del Espíritu. ¿Qué los llevó a este estado? Su panorama asertivo de fe. Tengamos en cuenta que el Espíritu Santo está tratando con nosotros, ¡también! La pruebas personales o colectivas, desconcertando a algunos, pueden cambiar el gran y amplio panorama de nuestra saludable fe en sentimientos de rebeldía y resentimientos con Dios. Y alguien podría hasta preguntarse: *¿hasta cuándo estarás escondido, Señor?* ¿Sera que Dios se esconde para no responder? El Señor le dijo a este profeta sumergido en depresión: *¡Sal fuera de la cueva!, ella no es tu refugio, y ¡ponte en el Monte de Dios!* ¡Posiciónate correctamente en el monte delante del Señor! Sal de la cueva y no te quedes en el escondite; cuando asciendas delante de Dios, Él cambiará tu panorama. Desde arriba todas las cosas se aminoran; mientras más alto asciendas a la dimensión del Espíritu, las cosas se desvanecerán ante tus ojos.

Dios conoce tu estado de ánimo y actitudes. Él conoce tu mentalidad y necesidad. ¡Sal de la cueva y cambia de panorama en una clínica para tu alma! Sal y preséntate ante Dios en la montaña, porque Él está a punto de pasar por allí.

Allí, por medio de la naturaleza, se manifestó la experiencia espiritual del profeta; un viento recio, violento, que partió las montañas, y las piedras se hicieron pedazos, pero el Señor no estaba allí. Al viento le siguió un terremoto, pero el Señor tampoco estaba en el terremoto. Le siguió un fuego, pero tampoco el Señor estaba. Después del fuego vino un susurro suave, apacible. El profeta reconoció la persona, poder y presencia de Dios y se cubrió con su manto el rostro en reverencia. Dios utiliza toda su creación, añadido a cosas insignificantes, para llevar acabo sus grandes planes.

¿Qué te dice Dios hoy? Sencillo, es saludable entrar en esta *clínica para tu alma*, tanto para conocimiento, mantenimiento, prevención como para sanidad divina. Aquí te actualizas; si necesario, también cambias tu limitada visión de las cosas.

Podrías encontrarte en una crisis de fe, pero ¡cuidado!, puede ser posible que tu verdadera crisis sea que esté predominando un panorama distorsionado con el que visualizas tu proceso.

Con un mínimo de cambio de pensar y actuar, tu mundo puede mejorar. En la quietud de la Palabra podemos escuchar a Dios hablando. Cuando todo nos falla en la vida, todavía podemos descubrir la soberanía de Dios. En medio de tus luchas quizás no ves a Dios en el viento recio, tampoco lo ves en el terremoto y menos en el fuego. Pero Dios hoy te puede contestar. Solo Él sabrá si te contestará con viento, con fuego, con terremoto o con un susurro. El silencio apacible de su ternura es frecuente. Muchas veces esperamos su presencia en el ruido, en la conmoción, en el sacudir, en temblar, en sensaciones, o por el contrario sentimos que, en medio del ruido, conmoción, sacudiones, temblores, muerte y sucesos espectaculares y sobrenaturales, Él no está presente y se escondió. Es posible que grites y pienses que Dios no está, pero eso no determinará cómo es que Dios te va a contestar en el centro de tu angustia.

En los procesos de la vida, ¿qué es lo que ha perforado tus pensamientos? Piensas y te preguntas: ¿*para qué seguir luchando? La* vida es un llamado y una misión que no está exenta de desafíos. La catarsis es el proceso de liberación; serás purificado posicionándote fuera de todo lo negativo que te perturba, permitiendo una expulsión espontánea de lo que, arrastrándote, te lacera el alma.

En esta clínica para tu alma, puedes sanar de todo tu malestar. ¡Que se ruede el velo por el poder del Espíritu Santo para que, completado el proceso, puedas cambiar de panorama! No todo está perdido. Esta es tu hora. Ubícate en el lugar de la revelación de Dios, tu Creador, para que sanes de todas tus experiencias limitantes. Obviamente, Él tiene múltiples e infinitas formas de demostrar su gloria, presencia, poder, soluciones y respuestas. Necesitarás paciencia en el proceso. No podemos crear híbridos espirituales, modelos sustitutos del diseño original. El método que Dios escogió fue Jesús; sin embargo, ese plan incluía a un hombre desfigurado, azotado y golpeado, todo de acuerdo con el plan y modelo establecidos antes de la fundación del mundo. El punto principal de todas estas cosas es que somos limitados, pero Dios tiene las respuestas y soluciones infinitas. Sus procesos determinarán a propósito el método, operación, diseño y plan maestro.

Tenemos a nuestro gran Sumo Sacerdote, Jesucristo, que está sentado a la diestra del trono de la Majestad de Dios con un ministerio de excelente e infalible Mediador (Hebreos 3:16), para que tú tengas excelentes promesas y un amplio panorama de fe, oración, alabanza, adoración, y puedas acercarte a Él en plena certeza de fe para alcanzar misericordia y gracia en la necesidad.

¡Tu prueba y tu proceso no son el trono! Entronizando sea el Rey de reyes y Señor de señores. Señor, tú creaste los fundamentos de la tierra, creas el día, la noche, tu potente brazo traspasa y despoja al enemigo infernal, derrumbas murallas y reduces a escombros sus fortalezas. ¡Bienaventurado el pueblo que sabe aclamarte!

¡Anímate!, tu proceso está por terminar, porque corriendo el tiempo estás más cerca de la meta final que del día que comenzó. Los procesos de la vida podrán ser retadores, pero no necesariamente permanentes. Dios te está oyendo; y en tu prueba y proceso Él está guiándote, forjando tu camino, abriéndote paso para que llegues con gozo victorioso a tu gran y único destino con Él.

No temas, ni azores, tampoco te desalientes, Dios está en tu equipo dirigiendo el proceso. Bienvenido a la clínica para el alma.

Tu porción

Avanza. Entiende que Dios está también anhelando que *esto* cambie. Su llamado y objetivo es desarrollar tu carácter a la imagen de su Hijo. Hay un tiempo y ciclos determinados para el proceso.

Todo lo hizo hermoso en su tiempo...
Eclesiastés 3:11

Fórmula
Proceso + tiempo + aprendizaje = forma carácter = avance.

En gran medida los procesos son constructivos. El propósito fundamental de los procesos es triturar, desmenuzar y cambiar de forma y textura esas cosas que, en su tiempo y estación, deben cambiar. Imagínate un triturador de alimentos y la tremenda capacidad que tiene de *procesar* con la sola intención de crear o cambiar con una nueva forma de textura a los alimentos. Dios es el gran procesador. El hecho de cambiar, por cualquiera que sea la razón, por una percepción errada o aparentemente inválida, puede originar dentro de uno cierto grado de ansiedad e incertidumbre.

Hay cambios que, aunque uno no esté de acuerdo, no puede evitarlos. Ellos acontecen contigo o sin ti; pueden ser graduales o radicales, positivos o negativos. No podemos esquivar ciertos cambios, pero sí podemos preparar el corazón y adaptarnos. Dentro del corazón del hombre, toda transformación abarcará un período definido de desarrollo. El corazón es lo íntimo e interno. Ahí dentro está la memoria, el entendimiento, los razonamientos, lo consciente e inconsciente, convirtiéndose el corazón en el centro de mando. Tu mente dialoga y toma las decisiones de la vida. Dentro de ella comienzan las trampas mentales y la guerra espiritual interna.

> ***Dialogismo*** = razonamiento interior.

Comienza la lógica a hablar. La lógica es lo que deliberas contigo mismo, preguntas e inquietudes internas. En la mente comienzan a levantarse fortalezas, lugares fortificados y algunas montañas erradas de razonamientos y argumentos. Hay que sujetar la mente.

Porque las armas de nuestra milicia no son carnales, sino poderosas en Dios para la destrucción de fortalezas, derribando argumentos y toda altivez que se levanta contra el conocimiento de Dios, y llevando cautivo todo pensamiento a la obediencia a Cristo... 2 Corintios 10:4,5

Para garantizar el éxito en nuestras luchas, la sabiduría espiritual es obligatoria. Aunque todos tenemos cuerpos físicos, las batallas se originan en el mundo espiritual; autoridades invisibles, fuerzas espirituales, gobiernos de las tinieblas, jerarquías altivas que constantemente atacan nuestros pensamientos. En esta distintiva lucha se utilizan estrategias diferentes para poder resistir los días malos. El enemigo bombardea nuestra mente enviando flechas demoníacas incendiadas, afectando negativamente nuestra voluntad, deformando nuestros pensamientos, él puede conformarlos a los suyos. Hay que pararse firme en la fe. Las fuerzas negativas de nuestros pensamientos se destruyen por la obediencia a Cristo. Por ejemplo, si tú estuvieras guiando un automóvil y se saliera del carril, tendrías que traerlo "cautivo" a la obediencia del conductor del volante. En las carreteras de la vida también hay choferes deficientes, quienes zigzaguean, no se mantienen en el carril. Estos, violando las leyes, no respetan los límites establecidos, poniendo en riesgo el destino no solo de sus vidas y propiedades, sino también la del prójimo.

Todo vehículo para movilizarse y llegar a su destino necesita un responsable y buen conductor. De igual manera, hay que alinear todo pensamiento o corazón rebelde ejerciendo dominio propio y voluntad. Fíjate qué vital importancia tiene el entendimiento y el cuidado diligente de tu corazón. Resistir las fuerzas del mal requiere vigor, aprendizaje y conocimiento espiritual verdadero. Lo que está dentro de tu corazón, los medios que utilices, cómo manejas y con qué tipo de recursos libres las batallas dentro de él te puede edificar o destruir, pudiendo convertirse tu vida en una odisea en el camino. La palabra odisea proviene del poema griego atribuido a un poeta llamado Homero. Después de la guerra de Troya, se cuenta el viaje de regreso a la isla de Ítaca, donde el personaje principal, Odiseo o Ulises, era rey. Este se demora veinte años en llegar: diez años luchando y diez años regresando. En ese lapso su esposa Penélope con su hijo Telémaco reciben la visita de muchos y variados soberbios conquistadores y seductores que buscan desposar a Penélope para asegurar el reinado. Invaden el palacio y presionan a la esposa de Odiseo, porque todos lo creían muerto. En el transcurso todos eran prisioneros, rehenes de sus propios intereses egoístas y la esposa e hijo de Odiseo sufren. Una esposa y una familia desprovistas de amor y protección y un hijo en la búsqueda infructuosa de su padre. En el proceso se agotan los distintos tipos de recursos.

Por otra parte, Odiseo está arduamente tratando de llegar al punto de partida, pero también se encuentra con muchos seductores de la mente, circunstancias y actitudes que invaden no solo su palacio interior, sino su vida e intereses también. Ciego y desilusionado, el infortunado hombre pierde la esperanza de regresar a su patria y considera que su mejor arma es la astucia. Con ella logra superar todos sus obstáculos. Este varón logra escapar de los designios de los dioses de la mitología griega y lo alcanza con artimañas, disfraces y discursos engañosos. Al regresar a su patria ocultando su identidad, se disfraza de mendigo y asimismo se venga de todos los pretendientes de su esposa y aspirantes al trono. Frente a las vicisitudes hay la tentación de caer ante tantos dioses falsos de la mente, seductores de nuestras vidas y de nuestro carácter e integridad.

En las crisis, así como Odiseo, algunos han perdido sus esperanzas y recurren a cualquier decisión que en su razonamiento les parezca buena. Luchan ilegítimamente con la soberbia de sus creencias, tradiciones y conceptos, utilizando artimañas, mentiras y manipulaciones. Cambian las artimañas, pero no cambian la condición de sus corazones.

Entonces surge una pregunta: ¿cómo te vas a abrir paso por la vida? El éxito tiene reglas fundamentales. Para llegar a tus metas no seas como la serpiente, no utilices su astucia y engaños escondiendo la cabeza cuando te ves en el "peligro" de lo que la verdad descubre. En cambio, debes utilizar la integridad de sabiduría divina y parecerte a tu Padre eterno.

Al poner en tela de juicio a Dios, la serpiente dialogó con Eva:

> *Pero como la serpiente era astuta, más que todos los animales del campo que Jehová Dios había hecho; la cual dijo a la mujer: ¿Conque Dios os ha dicho...?* Génesis 3:1

Con su lógica y diálogo aparentemente inofensivo con la serpiente, Eva abrió la puerta para ser seducida por la concupiscencia.

El Señor Jesús a los religiosos de sus días les increpó, diciéndoles:

Vosotros sois de vuestro padre el diablo, y los deseos de vuestro padre queréis hacer. Él ha sido homicida desde el principio, y no ha permanecido en la verdad, porque no hay verdad en él. Cuando habla mentira, de suyo habla; porque es mentiroso, y padre de mentira. Juan 8:44

El razonamiento es el lugar donde tu alma habla o dialoga humanamente influenciada por el adversario, entonces los cinco sentidos toman control y contradicen lo que Dios tiene en mente. O influenciada por la Palabra de Dios, tu espíritu toma control de la fe y recibe la revelación de lo que Dios tiene en mente.

Como son más altos los cielos que la tierra, así son mis caminos más altos que vuestros caminos, y mis pensamientos más que vuestros pensamientos.
Isaías 55:9

Los propósitos de Dios trascienden nuestros problemas y dudas. Nuestros pensamientos finitos, exitosos, fracasados o afligidos no pueden superar el pensamiento del Infinito. En fe podemos armonizar nuestros pensamientos, alineándolos, conectándolos y sincronizándolos con Él. Todo comienza en tu mente, ¿a qué le das cabida?

Por lo demás, hermanos, todo lo que es verdadero, todo lo honesto, todo lo justo, todo lo puro, todo lo amable, todo lo que es de buen nombre; si hay virtud alguna, si algo digno de alabanza, en esto pensad. Filipenses 4:8

Los hijos de Dios también se angustian

Observemos el quebrantamiento de pensamiento cuando fueron afligidos, aplastados y azotados por el látigo de la vida en el rey David, identificado espiritualmente como "un hombre conforme al corazón de Dios", en el justo Job, en Noemí la viuda, en el apóstol Pablo y en Asaf el adorador. Los pensamientos quebrantados son como una grieta en el alma, como un crujido de dolor. ¿Quién y qué habrá quebrantado tu alma? Dijo David, el salmista:

> *Tú sabes mi afrenta, mi confusión y mi oprobio; Delante de ti están todos mis adversarios. El escarnio ha quebrantado mi corazón, y estoy acongojado...* Salmos 69:19-20

El escarnio, la burla, el acoso, el 'bullying', el desprecio, las ofensas lo habían entristecido y avergonzado sobremanera. Se sentía hundido, sumergido en el lodo, y su amarga experiencia era como la hiel. ¿Cuál fue el remedio para su dolor?:

> *Pero yo a ti oraba, al tiempo de tu buena voluntad.*
> Salmos 69:13

Este hombre prototipo de Jesucristo en su vinagre y hiel de la cruz, sabía y confiaba en la buena voluntad y misericordia de Dios. Por su parte, pensando Job en su calamidad se quejó equivocadamente contra Dios, y en su aflicción "abrió su boca" y maldijo el día que nació.

> *Perezca el día en que yo nací, y la noche en que se dijo: Varón es concebido. Sea aquel día sombrío...*

¿Por qué no morí yo en la matriz, o expiré al salir del vientre? Job 3:3, 11

A gente buena le suceden cosas malas y a gente mala le suceden cosas buenas. El sol sale para todos, y la noche también. Este hombre quería reposar de su aflicción y dio rienda suelta a la amargura de sus pensamientos.

Está mi alma hastiada de mi vida; daré libre curso a mi queja, hablaré con la amargura de mi alma.
Job 10:1

Pensando Noemí la placentera, ahora desconsolada, perpleja y por el resultado de las circunstancias que no pudo cambiar, dijo:

[...] No me llaméis Noemí, sino llamadme Mara; porque en grande amargura me ha puesto el Todopoderoso. Rut 1:20

Noemí = Placentera.

Ante los desafíos de la vida en amargura hablamos precipitada e injustamente. Una mujer que a causa de sus pérdidas y duelo decidió tomar una posición de víctima y como consecuencia su nombre fue transformado de placentera a amarga, aceptando su nuevo apodo:

Mara = amarga.

En su gran lamentación vulnerable culpó a Dios. Aceptando el consejo de su suegra, su nuera Orfa (testaruda) abandonó el territorio, besó a su suegra y se fue a Moab. Llegará el momento donde la gente, extraños a la fe, nos darán besos de despedida. Rut, la otra nuera se quedó con Noemí, trasladándose a la tierra de Israel. Seis personajes con sus respectivos acontecimientos sorpresivos de cambios. Tres murieron, tres vivieron, dos se unieron, una se separó y la otra, decidida, decretó y se comprometió con su suegra, orando a Jehová.

> *[...] no me ruegues que te deje, y me aparte de ti; porque a donde quiera que tú fueres, iré yo, y dondequiera que vivieres, viviré. Tu pueblo será mi pueblo, y tu Dios mi Dios. Donde tú murieres, moriré yo, y allí seré sepultada; así me haga Jehová, y aun me añada, que solo la muerte hará separación entre nosotras dos.* Rut 1:16,17

Mujeres tenaces que, unidas, experimentaron los infortunios de la vida. Las tres enviudaron, pero la prueba de Noemí fue triple: no solo murió su esposo, sino que también murieron sus dos hijos varones. Dios transformó sus daños y Noemí pudo encaminar a su nuera Rut hacia una nueva vida y prometedor futuro redentor.

El aguijón del apóstol Pablo

En su intensa aflicción, una punzada espiritual hiriente lo traspasó. Fue como un método de tortura punzante. Un hombre con un cambio espiritual transcendental, de ser un soldado romano llamado Saulo de Tarso, amenazante y consentidor de muerte, es transformado y escribe una tercera parte del Nuevo Testamento. Una hermosa experiencia de conversión, narrada en Hechos 9. En el transcurso de sus vivencias, dijo:

[...] me fue dado un aguijón en mi carne, un mensajero de Satanás que me abofetee, para que no me enaltezca sobremanera. 2 Corintios 12:7

El remedio:

Y me ha dicho: Bástate mi gracia; porque mi poder se perfecciona en la debilidad. 2 Corintios 12:9

Asaf, el adorador

En el Salmo 73, Asaf nos describe elocuentemente su experiencia. Un adorador que veía la prosperidad de los impíos y esa aparente injusticia le causaba punzadas en su interior. Pero un día entrando en el Santuario, comprendió en realidad cuál sería el verdadero fin del asunto. Al tener la revelación espiritual, se le iluminó el entendimiento y pudo despojarse de la contaminación que le causaba la amargura.

Entendamos que no podemos perder la visión, la amargura distorsiona y contamina nuestros pensamientos y nuestros caminos afectando negativamente nuestro destino final y las buenas relaciones interpersonales. Asaf abrió su boca y salió un río agrio.

Se llenó de amargura mi alma, y en mi corazón sentía punzadas. Salmos 73:21

Con envidia pensó que, ante el orgullo de los necios e insensatos, él estaba en desventaja. Se sintió como una bestia sin entendimiento. Asaf sanó porque oró a Dios:

> *No entregues a las fieras el alma de tu tórtola, y no olvides para siempre la congregación de tus afligidos.* Salmos 74:19

Los envidiosos y falsos testigos; los "Jasón"

Los comentarios y murmuraciones de los envidiosos son comunes, porque les molesta que a otros les vaya bien. En su entorno, con sus acciones, faltando a la sinceridad, perjudican grandemente los dones, llamados, planes y relaciones, tanto las de ellos mismos como las de su prójimo. La Biblia es clara abordando este asunto tan dañino. No te mortifiques, ni te dejes devorar. La amargura tiene la capacidad de endurecer la voluntad de la gente e impide la respuesta adecuada para el corazón. De los corazones endurecidos salen los grandes conflictos del hombre: divorcios, guerras bélicas, atrocidades, muertes. Todavía hay quienes guardan sus recuerdos y en las conversaciones los sacan como apoyo del pasado justificando así su mal carácter y angustias. Hay que descartar todo lo que no se sujete a lo que Dios tiene en mente. Hay quienes son quebrantados y devorados por causa de sus bocas, porque Dios mira al corazón.

> *No multipliquéis palabras de grandeza y altanería; cesen las palabras arrogantes de vuestra boca; porque el Dios de todo saber es Jehová, Y a él toca el pesar las acciones.* 1 Samuel 2:3

La amargura es una palabra relacionada con infringir daño, dolor, aflicción, oprimir. También es como un gran oleaje o el embate repetido que causa fricción. Como el movimiento de un látigo el enemigo logra deformarte, con distintas estrategias te deformará a golpes.

> En el pensamiento griego: Dios mismo "aplastará" = triturar completamente.

Refiérase a Romanos 16:20. La amargura proviene de una raíz que significa punzar, es una palabra relacionada con infringir daño y dolor. La capacidad de su punta es un aguijón hiriente e inflamable. Al penetrar no solo hiere, sino que también quema, convirtiéndose en la fuerza invisible de la opresión, depresión, tristeza, incertidumbre, agobio, entre otros. Además, viene con un gran peso encima y ese peso te aplastará tus razonamientos y el ánimo. Raíz primitiva:

> *Flagere* = aplastar, machacar.
> *Flagelo* = movimiento de látigo.

> En el pensamiento griego: *Flao* = aplastar, machacar, oprimir, dolor, lesiones.

La tortura o tormento de flagelación

Jesucristo fue molido. El castigo de los '40 azotes menos uno', en manos del verdugo romano con el *flagelum*, consistía en correas con bolas metálicas que arrancaban o trituraban la carne del castigado, dejándolo irreconocible. Podemos verlo en Mateo 27:26 y 2 Corintios 11:24.

En el mismo lugar, Calvario, en su acto de expiación, Jesucristo, la simiente, "aplastó" y despedazó eternamente la cabeza de la serpiente, como dijo Génesis 3:15.

Quizás tú no tienes nada que te haya molido la carne o un aguijón que te haya infligido una herida, pero es posible que estés atravesando alguna experiencia o rencilla que te haya afligido y hecho daño, sumiéndote en un sentimiento de derrota interna. Independientemente de su tamaño o profundidad, los argumentos y encontronazos son comunes y afectan emocionalmente. La palabra "conflicto" tiene varios significados, utilizaré el más relevante: cuando dos personas o más no están de acuerdo, puede nacer un choque o encontronazo, disputa u oposición, surgiendo un conflicto. La palabra se relaciona con el verbo latino:

> *Fligiere* = afligir o golpear.
> **Conflicto:** el prefijo con lleva la idea de encontronazo.
> *Flictus* es un golpe junto o muy próximo.

La amargura y los conflictos, como fuente de energía negativa para el sufrimiento, se acoplan, escondiéndose en tu mente. Los motores de su combustión interna son la inmadurez, la falta de entendimiento, los malos sentimientos, la irritación, las frustraciones. Estas actitudes tienen la capacidad de ir encendiéndose y extendiéndose sigilosamente. Comienzan unas señales que nos indican que *esto* está desarrollándose, sentimientos que son como la hiel, abrojos y maleza inflamables que se caracterizan por "espinas", cizaña, zarza, causando niveles de preocupaciones e inquietudes.

Por distintas razones, pudiendo uno hacer una introspección —a veces innecesariamente—, justificamos nuestra falta de acción. Posponemos nuestra intervención, permitiendo que el tiempo reproduzca una supermaleza inflamable de emociones incontrolables. De esta forma, logra el enemigo tomar ventaja deteriorando la mente y el bienestar espiritual, restringiendo así la vida y libertad de un corazón y su felicidad. El diablo mentiroso utiliza la Palabra o Logos de Dios de manera incorrecta, sacándola de contexto y tergiversando su interpretación. Además, emplea todo tipo de mentiras, artimañas y errores. Utilicemos la declaración o expresión profética del *Logos* y el *Rema* de la Palabra. Es como desenvainar una espada afilada en contra de todo tipo de ataque de Satanás y sus emisarios. Proféticamente, es de esperarse que podamos "desenvainar" la espada espiritual, declarando en fe y decretando la ley y los preceptos divinos del Juez Supremo de la Corte Celestial con 'la espada aguda de dos filos'.

Yo publicaré el decreto... Salmos 2:7

Si estás en Cristo te has unido a Dios y perteneces al gobierno del Hijo, estás comisionado, tienes la autoridad de su nombre, autoridad delegada para decretar lo que la Corte Celestial del Poder Ejecutivo ha dictaminado con sus leyes y legislación. Además, cabe destacar que se te ha provisto de una indumentaria militar espiritual para que logres vencer.

Sobre todo, tomad el escudo de la fe, con que podáis apagar todos los dardos de fuego del maligno. Y tomad el yelmo de la salvación, y la espada del Espíritu, que es la palabra de Dios. Efesios 6:16,17

El maligno te tiene como blanco y te importunará en tu camino. Esta lucha diaria espiritual demanda un revestimiento divino, demanda colocarse bajo la autoridad de Dios, la estrategia es:

> *Someteos, pues, a Dios; resistid al diablo, y huirá de vosotros.* Santiago 4:7

El decreto de Jesús resistiendo al adversario:

> *[...] Escrito está: No sólo de pan vivirá el hombre, sino de toda palabra que sale de la boca de Dios.* Mateo 4:4

La obra y estrategias del adversario

Este ángel caído, siendo desafiante, se ubicará estratégicamente y proclamará el señorío, la autoridad y las posesiones distintivas de Cristo como suyas. Hay entradas o brechas básicas abiertas por donde los dardos de fuego del adversario pueden penetrar, como por ejemplo la tentación de Jesucristo y el desafío de Satanás, como lo podemos ver en Mateo 4:1-11.

Un vehículo o instrumento que utiliza el enemigo es la parte orgánica de los cinco sentidos, que se evidencia a través de los apetitos de la visión, audición, gusto, olfato y tacto.

1. Áreas físicas. Los deseos de la carne y la vieja naturaleza mundana del hombre son manifiestos. El hombre carnal está viciado de apetitos. La carne y el Espíritu son entre sí oponentes temerarios. Refiérase a: Gálatas 5:16-26.

2. Áreas emocionales. Los deseos de los ojos. Eva no resistió al adversario. En vez de limitarse a una declaración bíblica, "Logos" (la Palabra) se enfrascó en una conversación con el enemigo. Los ojos, los oídos y su boca la impulsaron a la caída. Como consecuencia, Eva desobedeció a Dios.

> *Y vio la mujer que el árbol era bueno...* Génesis 3:6

3. El orgullo, la vanidad y la codicia son motivaciones pecaminosas que llevan al fracaso.

Porque raíz de todos los males es el amor al dinero, el cual codiciando algunos, se extraviaron de la fe, y fueron traspasados de muchos dolores. 1 Timoteo 6:10

El sistema y la esfera donde opera Satanás:
No améis al mundo, ni las cosas que están en el mundo. Si alguno ama al mundo, el amor del Padre no está en él. Porque todo lo que hay en el mundo, los deseos de la carne, los deseos de los ojos, y la vanagloria de la vida no provienen del Padre, sino del mundo. 1 Juan 2:15,16

Jesucristo vino a redimir a la raza humana de toda impiedad.

Impiedad = maldad.

Independientemente de su intensidad, todo lo que constituye pecado es maldad y conlleva irreverencia. El pecado del mundo es la enemistad con Dios, la naturaleza del pecado, la práctica del pecado y persistir en él.

[...] enseñándonos que, renunciando a la impiedad y a los deseos mundanos, vivamos en este siglo, sobria, justa y piadosamente. Tito 2:12

Jamartia = pecar, acción y distorsión interna, fallar el blanco.

[...] He aquí el Cordero de Dios, que quita el pecado del mundo. Juan 1:29

*¡Qué **esto** cambie!*

La experiencia de dolor, las pérdidas, la escasez, los fracasos, las ofensas y las rencillas sean intencionales o no, todas estas experiencias inducen y pueden convertir un corazón en un ser "pesado" o apesadumbrado, deprimido, triste y enojado. La gente se siente con derecho de sentirse golpeada, resentida, herida, y así transcurre el tiempo llevando este yugo. Estos sentimientos no sanan automáticamente; en realidad, son poderes invisibles que revelan ataduras del alma. Aunque cada persona es un mundo sabemos que es inevitable que los razonamientos y el diálogo comiencen en nuestras mentes. Como por ejemplo: *¡Ah, me ofendió! ¡Verás lo que voy a hacer!* De esta forma, lleno de venganza, rencor y resentimientos entra un dardo punzante de fuego. O, por el contrario, la persona sintiéndose culpable piensa; Yo tuve la culpa, ¡no me van a perdonar! ¡Qué vergüenza he pasado! Entonces la persona se deprime. Por otro lado, debido a pérdidas irreparables de seres amados que nos han abandonado o han muerto, pensamos que nosotros también morimos con ellos y somos invadidos por depresión y opresión. Otros están frustrados por las ofensas y rencillas surgidas, causadas por discusiones interpersonales que son comunes entre personas, parejas, familias, amigos, vecinos, compañeros de trabajo y desconocidos. En gran medida las ofensas y los conflictos son comunes e inevitables, pero el conformamiento, el sentirse derrotado, deprimido, enojado y humillado es opcional. Hay quienes, atormentados, se tornan en personas altamente irritables, amargas, irracionales o conflictivas.

El corazón alegre hermosea el rostro...
Proverbios 15:13

Nuestras acciones, respuestas, rostros y lenguaje corporal también testifican de la antipatía, los enojos y las frustraciones. Un mandamiento:

Quítese de vosotros toda amargura, enojo, ira, gritería y maledicencia, y toda malicia. Antes sed benignos unos con los otros, misericordiosos, perdonaos unos a otros, como Dios también os perdonó a vosotros en Cristo. Efesios 4:31,32

Todo es un asunto de decisión espiritual y obediencia. Debemos ejercer nuestro dominio propio y despojarnos de toda mala raíz y abrojo del alma. Alimentado y controlado por la insolencia, la envidia y la ira, Caín mató a su hermano Abel. Como consecuencia, esta familia tuvo pérdidas catastróficas y Caín anduvo errante y fugitivo. Podemos ver el relato en Génesis 4:4-16 y Hebreos 11:4.

TU PORCIÓN

Ejerciendo el dominio propio cuídate del mal genio. La amargura, enojo, ira, griterías, maledicencia y toda malicia son productos altamente inflamables que llevan a la destrucción.

Lo que no se atiende se extiende como una raíz en terreno fértil. La suma total de nuestras experiencias no tiene que convertirse en una odisea.

Fórmulas

Problema + Problema = Problema

Si tú tienes un reto o problema y, para resolverlo, añades problemas, no puedes esperar resultados favorables. 'Cada semilla según su género'.

> Problema + astucia + mentira = crisis, ruina.
> Problema + oración + ayuno + sabiduría celestial = intervención divina = solución

Ante un conflicto común parece inofensivo hacer comentarios, hacemos chismes elegantes con la pretensión de que queremos resolver nuestros conflictos:

Agravios maquina tu lengua; como navaja afilada hace engaño. Salmos 52:2

La lengua falsa atormenta al que ha lastimado, y la boca lisonjera hace resbalar. Proverbios 26:28
Desechando, pues, toda malicia, todo engaño, hipocresía, envidias y todas las detracciones.
1 Pedro 2:1
[...] y renovaos en el espíritu de vuestra mente.
Efesios 4:23

> **Detractor** = ofende, critica, calumnia, denigra, con su opinión desacredita.

No andarás chismeando entre tu pueblo. Levíticos 19:16 *Así también la lengua es un miembro pequeño, pero se jacta de grandes cosas. He aquí, ¡cuán grande bosque enciende un pequeño fuego!*
Santiago 3:5

Nosotros teniendo una sola lengua, tenemos que cuidarla. Es crucial que al abrir la boca la lengua sea bien administrada y domada.

Haced todo sin murmuraciones y contiendas.
Filipenses 2:14

¿Estás en disposición de someter tu lengua al cambio espiritual? Siempre hay espacio para continuar creciendo. Evolucionar es saludable. A lo largo de los siglos y años ha habido cambios de envergaduras, una metamorfosis revolucionaria en lo económico, social, político y religioso. Sucesos significativos en la historia continúan ocurriendo de manera progresiva y acelerada. Por ley de vida y muerte todo evoluciona. La ciencia ha evolucionado, la tecnología cambia cada segundo, cambia la moda, con las estaciones también cambia la naturaleza y la temperatura. La vida es una vida de constante transformación. Pero, ¿y tú? ¿Te has quedado e insistes en quedarte igual? ¿Te habrás estancado? Hasta lo que dices debe ser transformado.

La muerte y la vida están en poder de la lengua, y el que la ama comerá de sus frutos. Proverbios 18:21

Medita, no hay duda de que cambiar no es fácil, pero es posible. No se trata de cambiar por cambiar, se trata de cambiar lo que amerita cambiar. Con el poder de Dios hay que renovarse continuamente.

Hagamos un poco de historia

Visualiza y piensa en algunos ejemplos de esta sinopsis de cambios trascendentales en la historia. A continuación, veremos cambios de fases expansivas, extensivas y de incrementos que lograron cambiar la humanidad.

1492, Cristóbal Colón

¡A la conquista! El Nuevo Mundo con algunos héroes anónimos y una significativa herencia hispana trajo consigo expediciones, exploradores, descubrimientos, conquista y colonización de América. La travesía del almirante Cristóbal Colón, uno de los grandes protagonistas de la historia, trajo cambios fundamentales al Caribe. Posiblemente jamás imaginó la singularidad de su reconocimiento en la historia por ser "descubridor de América" y la trascendencia que alcanzó.. La magnitud de sus descubrimientos y apertura geográfica no tiene paralelos en un trabajo de equipo logrando abrir un nuevo mundo. En este nuevo mundo se propagó el español como un río sin fin. Se lograron un gran desarrollo, períodos formativos de continentes, crecimiento poblacional, expansión de la agricultura, explotación de oro y plata, y la esclavitud.

Año 1513, Juan Ponce de León

Un guerrero español muy joven acompañó a Cristóbal Colón en su conquista del Nuevo Mundo. Ahora con su propia visión junto a su valiente tripulación embarcando, desembarcando y triunfando, descubre nuevas tierras, y puebla nuevos territorios. El protagonista es nada menos que el primer gobernador nombrado de "Borinquen", la cual trascendió a su nombre actual, Puerto Rico, "Isla del

Encanto". En medio de controversias políticas y desavenencias como punto de partida desde Puerto Rico, fue en la búsqueda de nuevos territorios y "La Fuente de la Juventud": un mito o una realidad. Tras zozobras, organiza su expedición, embarcando y desembarcando llega a Florida. Se conquistan territorios inesperados, Norteamérica y la Florida. Entonces se forman ciudades y se explotan yacimientos de minas. Los hispanos en la Florida tienen "500 años de historia". Aquella "Pascua Florida" de ayer es la Miami, Florida de hoy. Una transformación que comenzó el domingo de Pascua de Resurrección.

> **TU PORCIÓN**
> La vida te invitará a ir a lugares donde nunca has ido a abrirte paso. Se abrirán nuevas rutas, algunos capítulos del trayecto serán muy complicados. Arriesguémonos, no son pocas las veces que tendremos que cambiar de curso. Aunque podría ser extenso sigamos un derrotero, lo inesperado nos está esperando y hay que conquistarlo.

Todos los cambios de la vida traen distintas consecuencias. Las transformaciones tienen sus demandas, lo que antes eran pastizales, ahora está urbanizado. No podemos olvidarnos de que hay que contar con los efectos de crecer, movilizarse y estructurarse. Todo esto demanda asuntos bélicos, luchas y nuevos inventos.

1914-1918, asuntos bélicos

La Primera Guerra Mundial fue un gran conflicto histórico entre potencias. Es común que "alguien" desee derribar al que considera más fuerte, peligroso y poderoso; por eso nacen los conflictos bélicos. Se crean los sistemas de defensa y militares en lo político y también en lo espiritual. Hay avance hacia las trincheras y al desenlace. Estos tipos de conflictos golpean fuerte trayendo caídas, muertes y pérdidas a largo plazo. En las estrategias de guerra para recubrirse y defenderse del fuego enemigo se hacen trincheras, excavaciones o zanjas. Para proteger sus cuerpos, los soldados se "acuestan" en posición militar, por debajo del nivel del suelo para la defensa. Se abren y cierran brechas, se utilizan vestiduras camufladas, se preparan y utilizan armas específicas, se estudia al enemigo, se hacen maniobras, se vigila. En los procesos de cambios, simbólicamente, son estrategias y modos de operar que también sirven para ciertos asuntos de la vida diaria y espiritual en los procesos de cambio. Aunque llegan cambios que nos sorprenden, otros se pueden diseñar, planificar, se comunican e implementan estrategias, pero no siempre son exitosas. Para ganar batallas, hay que dominar estrategias. La evaluación y modificación continua son vitales. Ante los cambios, es preferible ser proactivo que reactivo. En los cambios proactivos nos podemos preparar asertivamente, pues con anticipación estamos conscientes de que existe una necesidad, mientras que en los cambios reactivos reaccionamos a las circunstancias sorpresivas.

1929, la Gran Depresión

En medio de la sociedad la presencia de la depresión es un ataque común hasta el punto de que su severidad llega al nivel de enfermedad o estado crónico individual y colectivo.

La depresión económica: Siendo una responsabilidad universal, la mayordomía financiera es imperativa: Todos los recursos del hombre tienen un solo dueño.

He aquí, de Jehová tu Dios son los cielos, y los cielos de los cielos, la tierra, y todas las cosas que hay en ella. Deuteronomio 10:14

La tierra tiene un solo y absoluto dueño. Tenemos autoridad delegada, somos sus embajadores, como administradores representamos su reino, ¿cómo los vamos a administrar?, puesto que Dios lo exige: Tu administración o mayordomía viene a ser como una buena ama de llaves o capataz bien alineado, fieles en los negocios y sometidos al Señorío de su amo, Cristo. Evaluemos y realicemos una reestructuración financiera a nivel individual y social. Dios tiene expectativas de inversión y multiplicación:

[...] Bien, buen siervo y fiel; sobre poco has sido fiel, sobre mucho te pondré... Mateo 25:21

En la Parábola de los talentos de Mateo 25:14-30 vemos:

Porque el reino de los cielos es como un hombre que yéndose lejos, llamó a sus siervos y les entregó sus bienes. Mateo 25:14

Causas de los fracasos financieros y la falta de gozo del Espíritu Santo:

Porque raíz de todos los males es el amor al dinero, el cual codiciando algunos, se extraviaron de la fe, y fueron traspasados de muchos dolores. 1 Timoteo 6:10

Este amor de sinsabores corrompe. El afán desmedido e insaciable por atesorar y poseer es como una esquizofrenia descomunal en nuestra sociedad, convirtiendo al dinero en el dios que destruye. Como lo vemos en Efesios 5:5 cuando habla de la avaricia.

La Gran Depresión Bancaria. Los cimientos financieros de Wall Street se derrumbaron, dando lugar a cambios drásticos en fases recesivas durante fechas críticas, tales como el 'Jueves Negro'. El desplome y la crisis bancaria de la bolsa de valores en América trajeron consigo períodos de intensa incertidumbre, en los cuales el miedo y el pánico se incrementaron. Ante la constante presión, la gente se sintió amenazada y desesperada, lo que llevó al aumento de los sentimientos de autodestrucción y suicidio.

El engaño y las trampas pueden conducir a la bancarrota. Los bancos, corporaciones e individuos experimentan escasez, desempleo y crisis hasta el punto de la quiebra, evidenciando un período de significativa depresión económica en ciclos decrecientes. Aunque hay ciertos debates, aseguran los expertos en historia que desde los años 1790 en Estados Unidos ha habido 47 recesiones, sin contar las que posiblemente llegarán: Aunque las luces de alarma se enciendan, se acrecienten las especulaciones y en el mercado financiero del mundo haya un derrumbe total, no todo está perdido.

Tu porción

Aun en medio de la crisis económica, personal, social y política sé recto, diligente, honesto, trabaja, sé generoso. Visualiza lo nuevo que Dios está haciendo y hará ¿Quién se atreverá a impedírselo? En la depresión financiera, sea individual o social tendemos a perder el norte.

En otro orden de ideas, en la vida hay cosas pequeñas de gran alcance. Tú no menosprecies los días de las cosas pequeñas, ni los tiempos oscuros y caóticos.

Otro de los cambios fundamentales fue un 'pequeño' invento: la brújula. Siendo un instrumento tan diminuto en medio de un océano imponente, señala el norte y proporciona dirección, impactando la geografía con sus posibles cambios. Su precisión se ve afectada por el movimiento, tiene gran alcance, hay un rumbo que conducirá a nuevos puntos de partida y desenlace. Aunque el mar esté agitado los navegantes se lanzan a su norte o sur, saben con certeza hacia dónde se dirigen y experimentan nuevas rutas para alcanzar su destino.

> **TU PORCIÓN**
> Dios con su brújula profética señalará tu ruta. ¿En la transición de tus cambios, cuál es tu norte, lo sabes? Cuida tu presupuesto, invierte, reparte.

Echa tu pan sobre las aguas... Eclesiastés 11:1

En la vida no todo es evidente, y aunque algunas cosas son simples otras serán muy complicadas, pero sea por la mañana o por la tarde esto cambiará y prosperará. Tu fe es la brújula que puede llevarte más allá de tu horizonte terrenal. Aun con carencias y recursos limitados, sal a la lucha. La escasez tiene sus motivos: utiliza eficientemente lo poco que tienes. Aunque tengas pocas y estén escasas tus semillas de fe financieras, tú puedes seguir la ruta bien enfocado para que logres llegar a sembrar en terreno fértil. Por esa causa a su debido tiempo habrá un giro hacia la producción y multiplicación. Obtendrás recompensas, cosechas conforme a la fe, la preparación, la siembra, el esfuerzo, el clima y la calidad. No te demores, invierte, hay que ser diligente.

El que al viento observa, no sembrará; y el que mira a las nubes, no segará... Por la mañana siembra tu semilla, y a la tarde no dejes reposar tu mano; porque no sabes cuál es lo mejor, si esto o aquello, o si lo uno y lo otro es igualmente bueno.
Eclesiastés 11:4,6

XVII, nuevos inventos

Las nuevas ideas tienen la capacidad y la intención de transformar lo antiguo. La revolución científica está en gran incremento; desafía y también reemplaza las viejas creencias. La investigación no se duerme y surgen nuevos inventos, industrialización y proyectos de grande escala mundial.

[...] Muchos correrán de aquí para allá, y la ciencia se aumentará. Daniel 12:4

Nace una nueva realidad: la era de la información. La computadora cambia el foco de atención hacia la revolución y la innovación tecnológica. Surgen nuevos métodos de comunicación y un flujo de información a nivel mundial.

XXI, se revela la globalización

Aunque estamos conscientes de que la globalización ha sido un largo proceso histórico de décadas, se revela en el siglo XXI como el fenómeno de un compromiso indescriptible de profundos cambios en ciencia, tecnología, comunicación social, económica, política y su gran interdependencia. El progreso evoluciona y va extendiéndose a un intercambio de carácter global. Se abren nuevas perspectivas y horizontes; también nacen nuevos paradigmas. Todo va remplazándose y los viejos modelos se desvanecen. ¡Que *esto* cambie!

1941-1945, el Holocausto, sacrificio por fuego

Un exterminio masivo en campos de concentración y persecución étnico-religiosa por fuego, tortura, fusilamiento y otros. Las imborrables cicatrices de este genocidio y los registros serán suficiente evidencia para la sentencia de los culpables en el Juicio del Gran Trono Blanco narrado en Apocalipsis 20: 11-15. Fue un genocidio judío y polaco sistemáticamente planificado, organizado y ejecutado por el antisemita de la Alemania Nazi, Adolf Hitler. De generación en generación, este hecho cambió la vida de una nación con ramificaciones mundiales. No podemos ignorar que siempre existirá gente repugnante que se sienten superiores, utilizarán el pecado, la repulsión y el odio para con sus cómplices cometer atrocidades en contra del pueblo de Dios. Los asesinos pensaron que esto era la "solución final". ¡Esto cambiará!

Para los rebeldes e incrédulos, los no hallados inscritos en el libro de la vida, la bestia y el falso profeta con todos sus coautores, su destino escrito está: serán lanzados al lago de fuego, el lugar del castigo eterno.

¡La heredad de Dios, Israel no podrá ser exterminada! Sus nombres están escritos, registrados en el libro de la vida. Vea Apocalipsis 20.

El secreto de la supervivencia del pueblo elegido de Dios se llama el Pacto eterno de Jehová. A pesar de los pronósticos y devastación nacional Israel existe como nación y continuará existiendo. Sobre ella hay promesas divinas, tales como la restauración nacional:

> Nunca más te llamarán Desamparada, ni tu tierra se dirá más Desolada; sino que serás llamada Hefzi-bá, y tu tierra, Beula; porque el amor de Jehová estará en ti, y tu tierra será desposada... Sobre tus muros, oh Jerusalén, he puesto guardas; todo el día y toda la noche... Los que os acordáis de Jehová, no reposéis, ni le deis tregua, hasta que restablezca a Jerusalén, y la ponga por alabanza en la tierra. Isaías 62:4-7

La capital eterna:

> [...] Pueblo Santo, Redimidos de Jehová; y a ti te llamarán Ciudad Deseada, no desamparada. Isaías 62:12

Un nombre nuevo

Hefzi-bá = mi deleite está en ella.
Belua = desposada.

Cambiar las cosas a primera vista puede parecer increíble e imposible, a pesar de que en algún momento se podrán lograr los cambios profundos de visión profética para hacer las promesas de Dios posibles y fielmente cumplidas. Aprovecha el futuro con un espíritu de expectativa, emprendedor y valiente. En la vida, aunque tengamos recursos limitados y retos, como participantes somos los responsables de tomar pasos fundamentales ascendentes. Sigamos explorando.

En el orden mundial continuamente siguen surgiendo nuevos métodos, nuevas ideologías políticas, económicas, sociales, espirituales, nuevos aliados y enemigos. Desde el punto cero, el progreso o desarrollo productivo vino para quedarse. Comienza desde la misma vida que Dios nos dio. ¿Y qué tal el desarrollo y primeras innovaciones de los sistemas de transporte? Nos hemos transportado en animales, barcos, locomotoras de vapor, autos, aviones, aeroespaciales con distintas capacidades y medios que se demoraban: todo ha ido evolucionando y seguirá sofisticándose.

En la comunicación, se generan formas diferentes de transmitir. Con el paso de los siglos, vemos a las civilizaciones adaptando sus lenguas y sus contenidos. Utilizan materiales en formas creativas para la comunicación escrita, en pieles, tejidos vegetales, madera, arcilla, papel: a lo largo del tiempo tanto el papel como el libro han ido evolucionando. Desde los materiales de rollos o volúmenes de papiro, continúa una transición que va desde el pergamino, sustituyendo el papiro por el papel y llegando al códice o libro en cuaderno, hasta hoy en día, cuando tenemos los libros electrónicos o digitales.

Biblos = Libros.

Es interesante el hecho de que la primera definición de la palabra libro o *biblo* fue la "corteza interior de una planta", siendo un material excepcional para volúmenes de inscripciones en rollos de cilindro de madera. Entendamos que es primitiva y que actualmente hay escritos que continúan haciéndose en piedras.

1569, el Libro de los libros

¡Un momento cumbre, la primera Biblia en español! Traducción de la Biblia al castellano. La Biblia Oso, por Casiodoro de Reina y revisada por Cipriano de Valera en 1602. Su original portada con un oso junto a un árbol alcanzando la colmena.

¡Cuán dulces son a mi paladar tus palabras! Más que la miel a mi boca. Salmos 119:103

Primera traducción completa del texto hebreo (del idioma original y versión más aceptada) al español: La Biblia Casiodoro de Reina, quien fuera un traductor y monje teólogo, los inquisidores le nombraron sarcásticamente "maestro de herejes".

Ante los cambios de la Reforma Protestante, un cambio espiritual trascendental y constante, nació la persecución de la Inquisición. Ante las intolerancias religiosas los españoles pagaron el precio de su fe cristiana. Este monje con sus compañeros es acusado de hereje, además de otras graves acusaciones. Ellos tuvieron que irse a refugiar, y Casiodoro de Reina se convierte de monje a pastor. Los llamados "alumbrados" fueron precursores de la Reforma protestante en Europa; quienes cambian la forma de pensar y actuar afectando las "entrañas" o corazón del mundo espiritual hasta hoy en día.

Los cambios no se detendrán. Tus sueños no son imposibles. El crecimiento y potencial que tú tienes podrían ser inconcebibles. Lo que tú eras ayer cambió, lo que puede suceder de hoy en adelante podría ser extraordinario.

En otro orden de ideas, en el comercio las cosas han cambiado asombrosamente, la democratización del comercio digital sin discriminación de geografía, va en un dramático incremento. Prepárate, te enfrentarás a nuevos métodos y sus distintas tendencias. El dinero efectivo está amenazado con desaparecer, será sustituido. A la luz de las innovaciones podemos tener una mejor idea del futuro. El hombre está capacitado para tener éxito en cualquier superficie.

1687, Isaac Newton

Gracias a Isaac Newton y su Ley de Gravitación Universal, que describe la fuerza de atracción entre dos objetos con masa, este fue *el* momento culminante de la historia.

1968, misión Apolo 8.

Arriesgándonos más allá del campo gravitacional, seamos precursores, exploremos también el espacio. Primer vuelo tripulado orbitando la luna, un nuevo comienzo, nuevas distancias, nuevas velocidades, había que ir y regresar. Podemos vencer caras ocultas. Es Navidad y la fe se divulga. Los astronautas no sacaron al Mesías de la Navidad ni de la natividad:

Porque un niño nos es nacido, hijo nos es dado...
Isaías 9:6

Una Nochebuena en un lugar inesperado, más allá del jolgorio cultural y el consumerismo, las cosas cambiaron increíblemente. La Biblia transciende a la luna y desde allí emana.

En una transmisión televisada la tripulación de astronautas: coronel Frank Borman, capitán piloto James

A. Lovell Jr., y el mayor general, piloto William A. Anders, participan leyendo una porción bíblica, cada uno en sus respectivos turnos.

En el principio creó Dios los cielos y la tierra. Y la tierra estaba desordenada y vacía, y las tinieblas estaban sobre la faz del abismo, y el Espíritu de Dios se movía sobre la faz de las aguas. Y dijo Dios: Sea la luz; y fue la luz. Y vio Dios que la luz era buena; y separó Dios la luz de las tinieblas. Y llamó Dios a la luz Día, y a las tinieblas llamó Noche. Y fue la tarde y la mañana un día. Luego dijo Dios: Haya expansión en medio de las aguas, y separe las aguas de las aguas. E hizo Dios la expansión, y separó las aguas que estaban debajo de la expansión, de las aguas que estaban sobre la expansión. Y fue así. Y llamó Dios a la expansión Cielos. Y fue la tarde y la mañana el día segundo. Dijo también Dios: Júntense las aguas que están debajo de los cielos en un lugar, y descúbrase lo seco. Y fue así. Y llamó Dios a lo seco Tierra, y a la reunión de las aguas llamó Mares. Y vio Dios que era bueno. Génesis 1:1-10

¡Siempre habrá la maravillosa oportunidad de una primera vez! Cabe la posibilidad de que el inspirado autor de Génesis, Moisés, tampoco haya imaginado la magnitud de su contribución.

1969, misión espacial Apolo 11

Vulnerables, en medio de disturbios, retrasos, asesinatos, catástrofes y guerras, pudimos ascender, ¡nos lanzamos, y sobrevivimos! Algunas distancias nos pueden engañar, lo que podría parecer cerca está lejos, y lo que podría parecernos lejos está cerca. ¡Ganamos la carrera! Detrás del telón habrá "figuras ocultas" hasta el día que Dios diga: ¡basta!

Magnífica desolación, E. Aldrin. Estados Unidos de América, ante millones de televidentes, concreta su misión espacial tripulada y aluniza con la nave Apolo 11. Días después de partir del planeta Tierra, llega el primer hombre a la Luna. El comandante Neil Armstrong y el piloto Edwin F. "Buzz" Aldrin viajaron en el "Eagle", mientras que Michael Collins pilotó en solitario la órbita lunar en el Columbia, mientras Armstrong y Aldrin caminaban sobre la superficie del "Mar de la Tranquilidad". Logran, además, colectar distintos materiales del suelo para traerlos a la tierra. Ahora, de regreso al planeta, sembraron semillas, y de ellas germinaron árboles. "Es un pequeño paso para el hombre, pero un gran paso para la humanidad", N. Armstrong.

Detrás del telón estaban las tres heroínas con sus cálculos matemáticos y sabiduría divina: las tres "computadoras humanas", las muy discriminadas y segregadas mujeres afroamericanas Katherine Coleman Johnson, Dorothy Vaughan y Mary Jackson. Lo que el hombre desprecia y deshonra, Dios lo escoge y enaltece.

El piloto Michael Collins dejó escrito en los paneles de la nave espacial: "Nave espacial 107, la mejor construida. Dios la bendiga". La fe se divulga y va más allá de la tierra. El memorial:

[...] Que el Señor Jesús, la noche que fue entregado, tomó pan; y habiendo dado gracias, lo partió, y dijo: Tomad, comed; esto es mi cuerpo que por vosotros

es partido; haced esto en memoria de mí.... Esta copa es el nuevo pacto en mi sangre; haced esto todas las veces que la bebiereis, en memoria de mí. 1 Corintios 11:23-25

El astronauta y anciano eclesiástico Buzz Aldrin ante su gran hazaña agradecido de Dios oró y declaró:

Yo soy la vid, vosotros los pámpanos; el que permanece en mí, y yo en él, éste lleva mucho fruto; porque separados de mí nada podéis hacer. Juan 15:5
Además, en un pedazo de papel escribió:
Cuando veo tus cielos, obra de tus dedos, la luna y las estrellas que tú formaste, digo: ¿Qué es el hombre, para que tengas de él memoria, y el hijo del hombre, para que lo visites? Salmos 8:3,4

Entonces procedió a ubicarlo en la superficie de la Luna. Lo que se practica en la tierra, el cielo puede recibirlo por la fe. Cuando, inspirado por el poder del Espíritu, el rey David, un hombre imperfecto que cumplió el perfecto plan maestro y propósito divino y fue descrito como un varón "conforme a mi corazón", posiblemente nunca pudo visualizar hasta dónde trascendería su impacto en la fe de los hombres, incluyendo la ciencia y la astronomía.

Misión Apolo 14

Después de cumplir con sus deberes en la NASA, el reverendo y científico John Stout vio cumplido su sueño. Prudentemente lo había planeado en secreto y ahora hacía historia. Los astronautas Mitchell y Shepard llevaron un cargamento extraoficial de Biblias en miniatura con el propósito de traerlas de regreso a la tierra como *souveniers*, lográndolo exitosamente. Alan Shepard y Edgar Mitchell, en su "paseo por la superficie", depositaron la Biblia en un microfilm en 16 idiomas con Génesis 1:1.

En el principio creó Dios los cielos y la tierra.
Génesis 1:1

La Biblia llegó al espacio y se quedó allí. ¿Habrá llegado la Palabra de Dios a tu alma?, ¿qué clase de legado tú dejarás? En otras distintas misiones espaciales el astronauta James B. Irwin declaró "haber sentido el poder de Dios como jamás lo había sentido antes". Y el astronauta John Glenn dijo: "Para mí es imposible contemplar toda la creación y no creer en Dios". Así también otros hombres y mujeres pioneras con una herencia hispana y latinoamericana destacados en la NASA impactan nuestra sociedad. Entre ellos encontramos astronautas, científicos, ingenieros nucleares, mexicanos, costarricenses, españoles, puertorriqueños, hombres, mujeres, inmigrantes y emigrantes, quienes han contribuido con sus vidas, conocimientos, finanzas y han visto sus sueños cumplidos. Todos estos también cumplieron su gran propósito.

En un futuro, podremos llegar a la Luna y a otros planetas como turistas, pero no hay que ir tan lejos para impregnarnos de la Palabra de Dios, no avergonzarnos del Evangelio del Señor Jesucristo y ver sus promesas cumplidas. ¡Qué indescriptible y extraordinario es conocer que nuestro planeta ha sido escogido y majestuosamente vestido de azul en un cielo maravilloso y lleno de incomparables cambios!

> **TU PORCIÓN**
> Más allá de tu horizonte hay sucesos, acciones de gracias, reconocimientos, amores, sanidades y milagros que aunque se tarden, ¡acontecen!

Vivimos en un nuevo siglo caracterizado por modelos cambiantes: en las distintas ramas de la vida, ya hay cambios en camino que nos dejarán perplejos. Mantengamos la perspectiva, los avances y lo nuevo no deben sorprendernos. En todas las ramas humanas experimentaremos una inimaginable relación con otros cambios, nuevos inventos y descubrimientos, especialmente en la ciencia, la tecnología y la ingeniería. Actualmente, veremos cambios incluso en el desierto, pues estamos encaminados a cultivar alimentos en él. Está escrito:

[...] y florecerá como rosa. Florecerá profusamente...
Isaías 35:1,2

Rompiendo barreras en la tecnología, hay visionarios que ya están progresando con tal magnitud que podrás tener hasta un dispositivo "web" conectado a tu cerebro y beneficiarte de una inteligencia artificial. Las nuevas generaciones no le temen a los grandes cambios y desafíos por venir; ellos mismos son la fábrica humana de los avances del futuro. Ya nos estamos beneficiando como *Siri, Cortana, Alexa* y otras aplicaciones de comandos para hacer y rehacer, con funciones de asistentes de tareas personales en distintas categorías y clases.

Además, existen naciones visionarias de vanguardia que "ven lejos", aunque arrastran viejos y grandes conflictos, como el Estado de Israel. Son una sociedad de pioneros en ciencia, tecnología agrícola y agricultura científica. Una nación que ha alcanzado cuatro premios Nobel en química. Visualiza lo nuevo, ¿lo vas a ver, o no lo vas a ver? Lo nuevo de Dios pudiera estar escondido en individuos, cosas y lugares inimaginables. La política está dirigida hacia un gobierno global y sus sistemas avanzan hacia un nuevo orden mundial. Las alianzas políticas y un poderoso sistema religioso mundial se unirán, habrá resurgimientos. Las profecías bíblicas nos dan el cuadro completo de estos cambios de fenómeno mundial. El humanismo desea cambiar el mundo dejando a Dios afuera. La humanidad está pasando por alto que Dios es el único ojo que lo abarca todo. Dios tiene el punto final. Más allá de los avances definitivamente la calidad de tu vida seguirá dependiendo de lo que crees, a quién le crees y qué haces con *esto*.

11 de septiembre de 2001, Torres Gemelas

La democracia caracteriza a nuestra gran potencia y nación americana. Las cosas cambiaron trágicamente. Un horroroso ataque extremista al icónico *World Trade Center* o "Torres Gemelas" en Manhattan, Nueva York y al Pentágono en Washington, D.C.

Las acciones del pecado, aunque crecen y conspiran en lo oculto, tienen caras visibles. Son como una víbora que atrapa y devora a sus presas. Esquemas, atentados, ataques, explosivos, fuegos, tiroteos, tragedias masivas que conmocionan y enlutan al mundo. Una generación diabólica de villanos, dejando huellas imborrables.

Individuos y naciones intentan cambiar las cosas utilizando su irracional maldad, subordinando con la miseria la dignidad humana. Controlando con violencia y genocidios manifiestan los "ismos" de ideologías religiosas, culturales y políticas, el fanatismo, nacionalismo, terrorismo, islamismo, comunismo, anarquismo, patrimonialismo, antisemitismo, sadismo, derechismo, izquierdismo, por mencionar algunos: Por siglos, han destruido miles de vidas y propiedades. El dolor, los traumas y las profundas cicatrices de los sobrevivientes, a nivel individual, nacional y mundial, quedan como testigos. Vivimos en un mundo caído, la maldad todavía sigue viva, pero ella ¡morirá!

Aunque mal interpretada por el hombre, ¡la justicia de Dios prevalecerá!

[...] contra potestades, contra los gobernadores de las tinieblas de este siglo, contra huestes espirituales de maldad en las regiones celestiales. Efesios 6:12

Esta guerra continuará teniendo ramificaciones y repercusiones mundiales. ¡Que esto cambie!

Tu porción
¡Tu transformación pura puede hacer la gran diferencia! Siempre habrá valientes invisibles: *Let's Roll*, T. Beamer.

La gente anhela un nuevo gobierno y grita ansiosa que la injusticia cambie, que cambie, que cambie "eso", que cambie "aquello", "aquella", "lo otro", que cambie "algo", que cambien fulano, zutana, mengano, perencejo, ¡que cambien! Que todo cambie, ¡que cambies tú! *¡Que esto cambie!* Una gloriosa noticia para el futuro:

[...] y que el reino, y el dominio y la majestad de los reinos debajo de todo el cielo, sea dado al pueblo de los santos del Altísimo, cuyo reino es reino eterno, y todos los dominios le servirán y obedecerán.
Daniel 7:27

Los cromosomas no mienten: varón y hembra los creó Dios.

Gradualmente llega un nuevo período en la historia de la humanidad, y se establece la nueva norma familiar con cambios en su estructura y orden. La humanidad se ha atrevido a atemperar las leyes, el orden y la autoridad que Dios ha creado y previamente ha establecido para su gloria. En el proceso de la creación vemos que la familia es la idea original de Dios, por ende, es una institución solemne y divina.

[...] varón y hembra los creo. Génesis 1:27
Y dijo Jehová Dios: No es bueno que el hombre esté solo... Génesis 2:18
Por esto dejará el hombre a su padre y a su madre, y se unirá a su mujer, y los dos serán una sola carne.
Efesios 5:31

El hombre con su mujer son un divino y gran complemento. La familia tiene estructura. Según Dios, el hombre es la cabeza o líder de la familia. Normalmente, un cuerpo con dos cabezas se considera un fenómeno: Él y ella son un gran equipo, agentes del cambio terrenal con autoridad y poder. Dios desde el principio adjudicó los roles y sus deberes. Ambos debían desarrollar la tierra y su comunidad como esposo y esposa:

> Y los bendijo Dios, y les dijo: Fructificad, y multiplicaos; llenad la tierra, y sojuzgadla, señoread en los peces del mar, en las aves del cielo, y todas las bestias que se mueven sobre la tierra.
> **Génesis 1:28**

Les dio la capacidad de multiplicarse y, con la magnitud del encargo para su mantenimiento, a esta primera pareja Dios le proveyó tierra, animales, buenas semillas y bienes para que gobernaran sobre ellos. Les dio roles; él tiene también su labor.

> *[...] ni había hombre para que labrarse la tierra.*
> **Génesis 2:5**

Sojuzgar, labrar, guardar. El hombre está sujeto a Cristo; igualmente, ella debe ser ayuda idónea.

> *[...] le haré ayuda idónea para él.* **Génesis 2:18**

Ambos andaban en amor, luz y sabiduría. Todo se trata de roles en una línea de liderazgo y autoridad en una atmósfera permeada de amor, entrega, sacrificio mutuo, respeto, justicia y sensibilidad.

> *Maridos, amad a vuestras mujeres como Cristo amó a la iglesia, y se entregó a sí mismo por ella.*
> **Efesios 5:25**

La esposa se sujeta; ella no es una posesión. El hogar cristiano tiene un orden:

Casadas, estad sujetas a vuestros maridos, como conviene en el Señor. Maridos, amad a vuestras mujeres, y no seáis ásperos con ellas.
Colosenses 3:18,19

Sujetarse podría compararse con un término militar: es "estar bajo autoridad". En este caso, la mujer está casada y por eso se encuentra bajo la autoridad y protección de su marido. Esto no significa que esté atrapada, encerrada ni esclavizada. En un estado honroso, la mujer casada está bajo la autoridad legal del hombre. Hay quienes por estas razones prefieren no casarse, pues no respetan la autoridad ni honran el matrimonio: Hay un gobierno y hay un orden, fuera de esta estructura de dignidad habrá caos.

[...] porque el marido es cabeza de la mujer, así como Cristo es cabeza de la iglesia. Efesios 5:23

Cristo se sujetó al Padre; por eso, los hijos obedecen y honran.

Honra a tu padre y a tu madre, que es el primer mandamiento con promesa. Efesios 6:2

Los hijos de Dios también honran a Dios.

Jupotasso = sumisión en acción continua o patrón de la conducta.

Nos sujetamos a Dios, nos sujetamos unos a otros y nos sujetamos a las autoridades superiores.. El Señor Jesucristo es el sumo ejemplo perfecto de sujeción. Es sumamente importante tener en mente los propósitos del simbolismo espiritual del matrimonio y la familia. Dios es el Dios de alianza y tiene en mente el pacto del matrimonio como Cristo y la Iglesia. Cada cual por sus conceptos, en un ataque espiritual campal ha creado sus propios caminos y diseños. Así como en los tiempos de los hijos de Efraín, estamos viviendo el día de la batalla donde los pilares se vienen abajo con una generación distintiva de cobardes y espiritualmente ineficaces, quienes además no se sujetan.

Y no sean como sus padres, generación contumaz y rebelde; generación que no dispuso su corazón, ni fue fiel para con Dios su espíritu. Los hijos de Efraín, arqueros armados, volvieron las espaldas en el día de la batalla. Salmos 78:8,9

Hay una gran rebeldía social ante el Altísimo y su orden divino familiar. Una manipulativa y convincente cosmovisión de ideologías ha desviado a la familia e individuos no solo de los valores y principios éticos y morales, sino también de los patrones bíblicos. No podemos seguir la corriente de este mundo perdiendo la esencia de la pureza al cambio del desenfreno, las aberraciones, las inmoralidades y el hedonismo (la doctrina del placer de mi ego o yo). Muchos desean cambiar hasta de género, pero desde la perspectiva eterna no desean cambiar su corazón. Posiblemente podrán cambiar lo externo, pero así como las huellas digitales no se pueden cambiar por causa del ADN, siempre tendrán los cromosomas que dan la identidad de género. Aunque te vistas, te veas y te creas diferente, tú serás y continuarás siendo el género con el cual naciste, Dios el Creador del mundo lo decidió. Dios no hizo un género genérico, varón y hembra nos creó.

Explicación elemental: los cromosomas son el aspecto característico en las células. Los cromosomas determinan, ellos dirán: ¿hombre o mujer, X o Y? Hay dos cromosomas sexuales, X e Y. Las mujeres = cromosomas X; el cromosoma Y = responsable de las diferencias morfológicas e incluye las fisiológicas. Cromosoma sexual = X e Y. La mujer tiene dos cromosomas X y X. Cromosoma X determina el sexo o género del individuo.

En esta tierra hay quienes vencidos por sus pecados son incapaces de buscar a Dios como refugio y hacer del Dios Altísimo su redentor. Hay gente "iglesianizada", con un aspecto externo de manera mecánica e inconsciente, en vez de ser transformada. El corazón es el tejido espiritual conductor de cambio. Los cambios traen consigo ventajas y desventajas, pero todo sigue evolucionando. Vivimos en un mundo donde las decisiones éticas, morales y de valor eterno son fundamentales, no solo para asegurar el bienestar individual, sino también colectivo.

Nuestras creencias dictan nuestras conductas y destino final. Las voces de conmoción y confusión aparentan llevar la voz cantante en nombre de la libertad. Lamentablemente, hay una apostasía moral. El libertinaje ha trastocado la ética, los valores, principios morales y espirituales. Vivimos en una sociedad endiosada, "adicta", la indecencia, vulgaridades, aberraciones, mentira, engaño, lo disfuncional y la corrupción social se le aplauden y se le llama libertad y amplitud mental.

Eres el baúl de tu corazón

La palabra ética se construye desde el interior del hombre, en capacidad de su voluntad. La ética no se trata de un lugar exterior, sino del lugar donde tu *yo* habita, donde vive tu morada interna. Todo se trata de quién eres como ser humano, qué aportas y cómo te comportas. El ser humano tiene conciencia de lo que está bien o de lo que está mal. La vida en comunidad demanda reglas. Los valores como el respeto, la tolerancia, la amistad, la lealtad, la equidad y la dignidad tienen que existir. Estos valores hacen que seamos civiles, productivos y valiosos en nuestro entorno. Los valores van más allá de mi bienestar individual, más allá de mi libertad. Tu valor está en lo que eres. La transmisión de estos valores es de suma importancia. Limpiemos el filtro negativo con el que tendemos a vivir la vida. Dios nos llama a que estemos dispuestos a venir a Él para cambiar nuestros corazones. Quizás tu corazón está lleno de "cosas", además podría estar corrompido y grita: *Oye, ¡presta atención! Ven a sanarte.*

Porciones bíblicas del corazón:

Dame, hijo mío, tu corazón... Proverbios. 23:26
Sobre toda cosa guardada, guarda tu corazón; porque de él mana la vida. Proverbios 4:23
Engañoso es el corazón más que todas las cosas, y perverso; ¿quién lo conocerá? Jeremías 17:9

El engaño es un arma masiva de guerra.

El que confía en su propio corazón es necio; más el que camina en sabiduría será librado. Proverbios 28:26

¿Qué razones tienes para no rendirle tu corazón a Dios? Tu corazón necesita la transformación divina. Eligiendo un camino equivocado los corazones endurecidos se envanecen y obran conforme a su terquedad. El corazón se convierte en una piedra de entrada que endurecida impide que *esto* cambie.

¿Qué lugar elevado en tu mente ha creado una barrera? Es posible que tu corazón o mente se hayan convertido en uno endurecido y tenga un gobernador deficiente como la baja autoestima, la falsedad, el sentido de culpabilidad, tentación, soledad, depresión, depravación, acusación, orgullo, murmuración y crítica.

¡Que *esto* cambie!

> *[...] se envanecieron en sus razonamientos, y su necio corazón fue entenebrecido.* Romanos 1:21

Envanecerse = tonto e inútil.

Hay quienes inútilmente se envanecen y prefieren rendirse ante el dolor, pero se resisten a rendirse ante el Redentor, quien creó el corazón y lo pide para traerle sanidad. ¡Que esto cambie! Los Salmos nos demuestran gente que estaba muy angustiada, ellos se rindieron en oración ante el único que podía sanarles sus dolores:

> *A Jehová clamé estando en angustia, y él me respondió.* Salmos 120:1

El clamor no es una oración pasiva, es un grito a pulmón espiritual, es la entrega de un corazón.

¿Por qué Dios le pide el corazón al hombre? Porque Dios es el único que cambia, sana y ablanda el corazón.

> *Porque de dentro, del corazón de los hombres, salen los malos pensamientos, los adulterios, las fornicaciones, los homicidios, los hurtos, las avaricias, las maldades, el engaño, la lascivia, la envidia, la maledicencia, la soberbia, la insensatez.*
> Marcos 7:21,22

El corazón es una fuente altamente contaminante de las acciones humanas.

> *Engañoso es el corazón más que todas las cosas, y perverso; ¿quién lo conocerá? Yo Jehová, que escudriño la mente, que pruebo el corazón, para dar a cada uno según su camino, según el fruto de sus obras.* Jeremías 17:9,10

Para que el corazón del hombre pueda ser cambiado, debe ser procesado por el poder restaurador de Dios, su Creador. A causa de la superabundante gracia, el corazón puede mirar con esperanza hacia el futuro.

Mirando hacia el futuro: "aquel tiempo".

En medio de un tiempo de invasión y crueldad, de aquellos que, con arrogancia, hieren el pueblo de Dios con guerra, gritos, cepos y decapitaciones. En medio de la profunda angustia de "toda la casa" de la nación de Israel, en medio de los dolores de Jacob, Dios asegura cambio, ayuda, respuestas y restauración. En todo callejón hay una verja rota por donde salir; Él lo tiene todo bajo control. En medio de la tribulación, Dios peleará por sus elegidos. En el libro de Ezequiel, capítulo 37, hay un gran simbolismo de una escena espiritual. Ezequiel = fortalecido por Dios.

El profeta veía un cementerio, los huesos secos regados por todas partes. Una ciudad: Jerusalén, sitiada y aplastada por el ejército enemigo, caída por sus pecados. Pero Dios veía una nación que resucitaba. Para los del "valle de los huesos secos" la escena cambiaría. Los cautivos fueron deportados; ellos, estando en el exilio, andaban diciendo: ¡No hay remedio!

> *[...] Nuestros huesos se secaron, y pereció nuestra esperanza, y somos del todo destruidos.*
>
> Ezequiel 37:11

Ezequiel muy joven fue cautivo y deportado, ante severos y violentos padecimientos y pruebas personales tuvo visiones celestiales. Le pregunta Dios al profeta: *Hijo del hombre: ¿vivirán estos huesos?* El profeta contesta: *Señor Jehová, tú lo sabes.* El profeta veía el presente: huesos regados en un cementerio, esparcidos, secos, muertos. un cementerio, esparcidos, secos, muertos.

TU PORCIÓN
En medio de tu "cementerio espiritual" también puedes hacerte la pregunta: ¿vivirán estos huesos? ¡Que *esto* cambie! Aunque grites ¡Que *esto* cambie!, eso no bastará.

> *[...] Me dijo entonces: Profetiza sobre estos huesos, y diles: Huesos secos, oíd palabra de Jehová.*
>
> Ezequiel 37:4

Dios veía el futuro, veía vida, cambio y el levantamiento de la nación judía. Esta nación por su incredulidad e idolatría anda regada, Dios los recogerá y hará volver con dignidad a su tierra como nación y como hijos. Algunas naciones del mundo creen que se han "tragado" a la nación de Israel. ¡La muerte no podrá detener el plan soberano del Creador del Universo! Dios es el dador de la vida, lo que está perdido, Dios sabe dónde está, sabe encontrarlo. En la muerte y en la vida algunas cosas se pierden, algunas por un momento y otras para siempre. Pero el decreto profético sana, también levanta los muertos, di la Palabra. "Estos huesos, aun estando en el cementerio, tienen un *"Rema"*: "Así ha dicho Jehová".Espera, lo inesperado acontecerá. En este cementerio tendrás el avivamiento de un nuevo amanecer. Por causa de su Palabra profética, espera, no temas, ¡hay un día, hay un plazo! y una restauración final. Así como los cautivos de la casa de Israel aunque te tengas por muerto y aunque estés esparcido, o fragmentado serás restituido, recuperarás el aliento de vida por el poder de la palabra profética, del Espíritu Santo.

¿De qué se trata tu deportación? El Creador tiene el plan de liberación divina y el de restauración. El Espíritu Santo es el viento que resucita los muertos. A Dios no se le salen las cosas de la mano, consuela y anuncia que a pesar de su juicio y en medio de una gran invasión su pueblo, "la niña de sus ojos" no serán destruidos. Y anuncia la esperanza de un día específico para su liberación, sobrevivirán y regresarían del exilio.

En medio del castigo e invasión, ¡conocerán que Jehová es Dios! El Dios de Israel. "Un día específico, y más allá de los ejércitos de las naciones y el dominio político, la indignación de Jehová cesará." La gloria de Dios volverá; lo disperso y dividido se unirá.

[...] y los estableceré y los multiplicaré, y pondré mi santuario entre ellos para siempre.
Ezequiel 37:26

Nada que temer de un poder político: "el remanente" de Jacob, simiente santa, un "resto pequeño" que, a pesar de eso, su tronco no podrá ser arrancado. Realmente el tiempo es como un tribunal nos pasa juicio y sentencia. Pero la misericordia de Dios también estará presente; ella sobreabundará. Dios a su tiempo señalado por la unción del Espíritu Santo te traerá sanidad.

Librados de la mano de los asirios:

Acontecerá en aquel tiempo, que los que hayan quedado de Israel y los que hayan quedado de la casa de Jacob, nunca más se apoyarán en el que los hirió, sino que se apoyarán con verdad en Jehová, el Santo de Israel. Isaías 10:20

Acontecerá en aquel tiempo que su carga será quitada de tu hombro, y su yugo de tu cerviz, y el yugo se pudrirá a causa de la unción.
Isaías 10:27

La grosura

En la ley mosaica, "el sebo" o "la grasa" de los bueyes era una ofrenda y se quemaba en olor grato a Jehová. En la tipología representa a Cristo, el olor grato a Dios en sacrificio vicario.

El yugo

Los bueyes no tenían libertad propia, pues se ataban formando yuntas de cargas pesadas, lo que representa aquellas circunstancias que te obligan a permanecer atado en un yugo desigual.

Los escribas y fariseos eran populares entre el pueblo, pero, siendo legalistas con sus conflictos, prácticas minuciosas y reglamentos, añadían sus tradiciones a la Palabra de Dios y, en su religiosidad externa, ponían pesadas cargas y agobiaban, según Lucas 11:46.

Pasando por alto la justicia y el amor de Dios estaban oprimiendo al pueblo. Versus Jesús el Mesías: El Salvador compasivo invita a su superabundante gracia: *"Venid a mí y yo..."*

> *Venid a mí todos los que estáis trabajados y cargados, y yo os haré descansar. Llevad mi yugo sobre vosotros, y aprended de mí, que soy manso y humilde de corazón; y hallaréis descanso para vuestras almas; porque mi yugo es fácil, y ligera mi carga.* Mateo 11:28-30

Tu porción
No temas, Jesús es apacible y lleno de bondad. Decídete. ¡Fuera la opresión! Instrúyete, aprende, echa sobre Jesús tu carga y cambiará tu estilo de vida. ¡Descansa del yugo del pecado, descansa! Jesús es tu descanso eterno.

Todo tiene su tiempo. Dios llega a tiempo

Dios llega a tiempo. Ante la presencia de su Espíritu, de su unción, todo yugo será quebrado.

> *Todo lo hizo hermoso en su tiempo; y ha puesto eternidad en el corazón de ellos, sin que alcance el hombre a entender la obra que ha hecho Dios desde el principio hasta el fin.* Eclesiastés 3:11

Proceso

La palabra "proceso" está muy entretejida con la palabra "porvenir", pues sencillamente el proceso conlleva un tiempo de desarrollo de algo que está por venir. También el tiempo siendo uno de los factores vitales de los procesos está ligado al propósito. No gobernamos el tiempo de Dios. "La prueba que podrías estar atravesando forma parte de un ciclo inevitable de tiempo, procesos y propósitos divinos, "adrede"." El propósito es la intención o razón original por la cual fuiste creado. Inevitablemente hay una sucesión, las estaciones llegan y muchas llegan con acontecimientos significativos, cada estación tiene sus propias características y tiempo de expiración. Escrito está:

> *Mientras la tierra permanezca, no cesarán la sementera y la siega, el frío y el calor, el verano y el invierno, el día y la noche.* Génesis 8:22

Veamos dos ejemplos.

> *[...] El verano y el invierno tú los formaste.* Salmos 74:17

Equinoccio

Es la división o período del ciclo anual que marca el otoño o la primavera. El día y la noche tienen la misma duración. En un período nos secamos, pero también en otro período podemos reverdecer.

Solsticio

Determina dos estaciones, verano o invierno. Los días en verano son más largos y las noches más cortas;

en contraste, en invierno los días son más cortos y las noches más largas, porque el sol alcanza su menor altura. Aunque tengamos períodos de frialdad, de bruma y nuestra visibilidad no esté clara, este ciclo también pasará. Toda la creación espera el tiempo perfecto de Dios. Después de la gran catástrofe o crisis del Diluvio, Dios establece un gran principio: la ley de la siembra y la cosecha. Además, hace un pacto asegurando que, aunque en la tierra existan procesos dentro de tiempos buenos o devastadores, los cambios de estaciones y horas no apartarán del hombre su misericordia. Hay que aprovechar el tiempo, el cielo y la tierra tienen leyes. No pierdas tu primavera.

Dijo alguien muy poéticamente: 'Cogéis las rosas mientras podáis, veloz el tiempo vuela, la misma flor que hoy admiráis mañana estará muerta'. Con certeza dijo el salmista:

> *Mas yo en ti confío, oh Jehová; digo: Tú eres mi Dios. En tu mano están mis tiempos; líbrame de la mano de mis enemigos y de mis perseguidores.*
> Salmos 31:14,15

Dado el caso de la importancia que Dios le da al tiempo debemos considerar ser más eficientes y excelentes mayordomos del tiempo, con una apreciación cuidadosa, profunda y respetuosa. La planificación y distribución del tiempo, aunque no tiene que ser intransigente, es imprescindible. Aun los favores y trabajos voluntarios, todas las partes involucradas, al ponerse de acuerdo, se pueden ajustar y planificar en el contexto del tiempo. La improvisación es un valioso recurso en algunos asuntos de las artes. Para los ingeniosos del folklor la improvisación es buena, le tienen por nombre "aquí y ahora", ayudándolos a desarrollar su capacidad interpretativa. Por tal razón, los trovadores de décimas del "Pie Forzado" se especializan en ella. Comúnmente, fuera de las artes, algunos individuos indisciplinados en cuanto al tiempo, lamentablemente, son los que primordialmente tienen la improvisación por hábito. La ética demanda que si no respetamos nuestro tiempo respetemos el tiempo ajeno. El tiempo que Dios organizó y diseñó para el hombre demanda obediencia. Consideremos los tres conceptos básicos y significativos del tiempo.

Tiempo *crono*

Un tiempo basado en lo cronológico o en el cronómetro secuencial: fechas, años, meses, días, semanas, segundos, minutos, edad, siglos. No descuides el tiempo histórico. No olvides acontecimientos, registros, una conmemoración o memorial de esa época que valen la pena recordar.

Todo tiene su tiempo, y todo lo que se quiere debajo del cielo tiene su hora. Eclesiastés 3:1

Este tiempo marca el reloj práctico.

Allí gritaron: Faraón rey de Egipto es destruido; dejó pasar el tiempo señalado. Jeremías 46:17

No dejes pasar el tiempo para que puedas hacerlo todo a tiempo.

Tiempo *kairos*

Aunque el *kairos* es un tiempo adecuado e imprevisto una nueva temporada de favor está entretejida dentro del tiempo secuencial. Es momento o ciclo oportuno, estratégico y favorable. Es una estación específica que si no la aprovechas perderás esa específica oportunidad o ciclo de favor posiblemente hasta "otra" ocasión, o es factible que no se repita.

No nos cansemos, pues, de hacer bien; porque a su tiempo segaremos, si no desmayamos. Gálatas 6:9

Tiempo *pleroo*

Tiempo de la consumación, plenitud, es tiempo profético. Puede ser cronológico, pues tiene fecha específica, días, semanas o años para su cumplimiento. Puede ser, además una época de un tiempo profético simbólico.

Pero cuando vino el cumplimiento del tiempo, Dios envió a su Hijo... Gálatas 4:4
[...] en la dispensación del cumplimiento de los tiempos... Efesios 1:10

Dios no vive en la limitación del tiempo.

Mas, oh amados, no ignoréis esto: que para con el Señor un día es como mil años, y mil años como un día. 2 Pedro 3:8

A continuación, veamos los extractos o "bocadillos" de principios básicos y asuntos de astronomía en relación con el tiempo. Observemos las interpretaciones básicas del tiempo y los contrastes.

Las grandes lumbreras, un patrón circular:

Dijo luego Dios: Haya lumbreras en la expansión de los cielos para separar el día de la noche; y sirvan de señales para las estaciones, para días y años. Génesis 1:14

Señales proféticas

Sabemos que la creación es una procesión profética divina, cada temporada tiene una señal no solamente terrenal, sino también divina. Los cumplimientos proféticos se pueden entender desde la perspectiva del calendario lunar-solar. No ignoremos que el calendario es un invento de gran impacto. Evaluemos el calendario lunar-solar versus el calendario solar-lunar y lleguemos a nuestras conclusiones acertadas. Lunar-solar es bíblico y profético. Los días son indicados a base de las fases de la rotación de la luna. La luna llena va a indicar el inicio del mes. Los ciclos de la luna en sus distintas fases tienen meses que duran 29 o 30 días, con 354 lunas. El año tiene 354 días, y once años de 355 días. El día comienza a contarse a la puesta del sol, iniciando por la noche. El día comienza al atardecer (6:00 p.m.) y termina a la misma hora del día siguiente, extendiéndose desde la puesta del sol hasta la siguiente.

La luna y sus 4 fases o trayectorias. Luna nueva, cuarto creciente, luna llena y cuarto menguante. Su órbita cambia de posición y se mueve alrededor de la tierra aproximadamente cada 29.5 días, trece vueltas en un año. Y un mes bisiesto, o "preñado", 13 meses, "Adar", un mes agregado. Lleva el simbolismo de un feto en una mujer preñada, 7 años bisiestos, son siempre de 30 días y las posibilidades de tener 353, 354, o 355 días.

Calendario lunar-solar: Dios hizo la luna para los tiempos:

> *[...] El sol conoce su ocaso.* Salmos 104:19

La primavera:

> *Este mes os será principio de los meses; para vosotros será éste el primero de los meses del año.* Éxodo 12:2
> *Vosotros salid hoy en el mes de Abib.* Éxodo 13:4

La celebración de la Pascua, instituida por Dios, fue ordenada a realizarse el 14 de abril, Nisán. Siendo esta fiesta un gran recordatorio de liberación, Vea Éxodo 12:3-11; Levítico 23:7,8. La Fiesta de los Panes sin Levadura, 7 días de celebración. El Señor Jesucristo es el Cordero pascual, nuestra Pascua. Dios fijó la fecha: el Cordero sería sacrificado en luna llena o nueva, en la tarde, el 14 de abril, Nisán. El Señor Jesucristo es el Pan de Vida. Vea Juan 6:35, 47, 48. La Cena Pascual. Vea Lucas 22:14-20; 1 Corintios 5:7, 8; Éxodo 12:1-51; 1 Pedro 1:18,19.

Abib = del hebreo: abril. Este mes cuenta con treinta días y coincide con la primavera, el comienzo, es decir, marzo-abril, representando plenitud y cumplimiento. La cebada está madura siendo un testigo profético que el año comenzó. Esos días son días de grandes fiestas solemnes y celebración de las semanas.

Para más detalles sobre el grano nuevo y un nuevo comienzo, vea Deuteronomio 16:9-12; Éxodo 23:16; Números 28:26; Levítico 23:15-21.

Guardarás el mes de Abib, y harás pascua a Jehová tu Dios; porque en el mes de Abib te sacó Jehová tu Dios de Egipto, de noche. **Deuteronomio 16:1**

En el Éxodo el pueblo de Israel salió de Egipto al ponerse el sol. Dios ha establecido para el hombre un orden de días, lugares, horas determinadas y citas divinas. El tiempo nos gobierna.

El Señor Jesucristo preguntó a sus discípulos:

[...] ¿No tiene el día doce horas?... el que anda de noche tropieza... **Juan 11:9,10**

Jesús confirma que el día y la noche tienen un período total de 12 horas de día y 12 horas de noche. La tarde y la mañana conforman un día con sus respectivos períodos, incluyendo el crepúsculo. Vea Génesis 1:4-15.

Calendario judío

6 p.m. a 6 p.m. = 12 horas de día y 12 horas de noche = 24 horas. El reloj profético que Dios utiliza para la humanidad es exacto y demanda precisión. En realidad, este no es un calendario común, el interior conlleva un calendario espiritual demandando estar espiritualmente justo a tiempo.

Tiene citas divinas en estaciones específicas, y aunque el calendario judío tiene unos ciclos internos que se dividen en días "religiosos" o civiles sigue llevando un registro del tiempo profético de Dios.

El tiempo de ciclos anuales y/o semanales proféticos conmemorativos para Israel.

> *[...] las fiestas solemnes de Jehová... santas convocaciones.* Levítico 23:2

Detrás de todo esto están escondidos Jesucristo y unos acontecimientos proféticos de eventos de suma relevancia. Estas citas declaran un cuadro completo de sus cumplimientos en Cristo.

La comunidad del pacto de Israel observa días especiales bíblicos en 7 fiestas anuales de cita. Dios es celebrado y manifestado en festividades sagradas.

Simbolismos en las 7 fiestas

Pascua, Panes sin Levadura, Primicias de las Cosechas, Pentecostés, Fiesta de las Trompetas, Día de Expiación y Fiesta de los Tabernáculos. En el calendario anual Dios tiene una cita de proclamación profética específicas.

Vea Éxodo 23:19 y Levítico 27:1, 2.

> **Shmita** = soltar, un ciclo o patrón agrícola, repetitivo cada siete años.

Jubileo = cada 50 años, véalo en Levítico 25:2-4; Levítico 26:32-35; Éxodo 34:18-26 y Deuteronomio 16:1-17. Otro ejemplo de "cita" hacia el futuro y divisiones:

> *[...] por tiempo, tiempos, y la mitad de un tiempo.*
> Daniel 12:7

En nuestros calendarios, tenemos planes significativos para el futuro. Por consiguiente, seleccionamos cuidadosamente e insertamos citas con nombres, días y horas que se agendan, incluyendo los detalles, expectativas y propósitos. De esta forma, nos comprometemos no solo con las personas, sino también con el reloj: tic tac, tic tac, tic tac. Colectivamente Dios también tiene unas citas proféticas contigo como individuo y con su pueblo, no las canceles. Consideremos ahora el calendario solar-lunar: romano o gregoriano. Es el calendario oficialmente internacional adoptado por la mayoría del mundo. Originado por la reforma del Papa Gregorio XIII. Haciendo cómputos astronómicos, llegaron a conclusiones. Entonces, el Papa Gregorio estableció un nuevo calendario para corregir asuntos instituidos por el emperador Julio César en el año 46 a.C. La reforma aconteció a causa de los "desajustes" de la fecha, la celebración de la primavera y la celebración oficial cristiana de la Pascua, restituyendo la fecha de su comienzo al 21 de marzo. Los días indican la posición de la tierra en torno al sol. Son 365 días con 6 horas, con cuatro estaciones y cada estación se divide en tres meses. El día comienza a contarse a media noche en período de 24 horas. El equinoccio, la duración del día y de la noche es la misma en toda la tierra.

El año bisiesto

En el mes de febrero se añade 1 día cada 4 años haciendo un total de 366 días al año. En febrero los años no bisiestos tienen 28 días y en los años bisiestos 29 días. Dios no vive en la limitación del tiempo.

Mas, oh amados, no ignoréis esto: que para con el Señor un día es como mil años, y mil años como un día. 2 Pedro 3:8

Dijo alguien muy sabiamente: *Si no fuera por el último minuto nada se haría.* Irrevocablemente la vida es un viaje temporal y la humanidad está interesada en el tiempo. Estamos conscientes de que el reloj no se detiene, él está consistentemente marcando el tiempo, no tenemos todo el tiempo. Somos criaturas con un breve tiempo para en un momento inesperado morir. A pesar de ello, no somos muy cuidadosos en administrar e interpretar el tiempo que tenemos a nuestra disposición. Como todos sabemos, la cinematografía ha hecho muchas producciones de películas que sus títulos son cautivadores en relación con el tiempo. El tiempo conoce límites, es cambiante pero no retrocede, puede llegar a ser un desafío entre el pasado, presente y el futuro. El día de hoy en tu reloj es irrepetible. Es aliviador saber que Dios es intemporal y a pesar de todos nuestros distintos fracasos y errores siempre habrá esperanza más allá del tiempo y más allá de nosotros los seudos viajeros del tiempo, porque Dios es el tiempo eterno. No tenemos que tener temor ni vivir torturados por el tiempo, pero sí redimiéndolo.

> **TU PORCIÓN**
> Es tiempo de cambio, esta es tu hora en tiempo y estación. Llegó la hora del cambio.

Conclusión

El reloj marcará el tiempo. ¡La hora actual en la que estamos viviendo es la hora del fin! Tic tac, tic tac. Es vital conocer y comprender la esencia interpretativa del tiempo y en qué clase de tiempo está el calendario para el hombre. ¿Qué está marcando?, ¿calendario lunar, solar, o tiempo bisiesto, tiempo real, tiempo literal, tiempo profético, simbólico, o tiempo figurado? ¿Estará al revés o al derecho?

Siete días al revés

Recuerdo que un fin de semana limpié mi mesita de noche. Poco tiempo después noté que desde que arreglé la mesita, el reloj romano que descasaba allí ya no daba la hora exacta. Pensando que era un asunto de las baterías desde lejos lo seguí observando por muchos días. En el transcurso de esos días yo seguí posponiendo el tiempo de proceder. Habían transcurrido ya siete días y decidí que ya era oportuno prestarle la debida atención. De todas formas, ya era hora de volver a limpiar la mesita y de tener la hora correcta en mi reloj. Me acerqué, cogí el reloj en mi mano, pero antes de voltearlo para cambiarle las baterías noté que había estado siete días al revés. Me saqué una carcajada y pensé: *Cuando las cosas están al revés ni son ni se ven igual; a veces solo es asunto de darle la vuelta a las cosas.* ¿Y si me hubiera dejado guiar por este reloj? ¿Qué hora es realmente? ¿Un tiempo en tu reloj está con la hora al derecho y el otro está con la hora al revés? Recuerda, cuando las cosas están al revés ni son ni se ven igual. ¿Y tú cómo administras el tiempo?, ¿en medio de tu dolor cuál es tu prioridad?, ¿te ocupas o desocupas del tiempo?

Molido, azotado y adolorido, estando Jesucristo en la cruz administró muy productivamente su tiempo. Tuvo tiempo para todo. Estando en la cruz en su excesivo dolor, en poco tiempo tuvo tiempo para todos. Conversó con el ladrón acerca del Reino y le garantizó su salvación eterna, le aseguró que iba a estar con Él ese mismo día en el paraíso. En poco tiempo dedicó un momento para organizar, organizó el cuidado de su madre. En poco tiempo dedicó

¡Qué **esto** cambie!

un momento para conversar, desde la cruz planificó, habló e hizo recomendaciones al apóstol Juan. En poco tiempo dedicó un momento para perdonar, oró por los pecadores y perdonó. En poco tiempo, dedicó un momento para su entrega y entregó verbalmente su Espíritu al Padre. En su corto ministerio terrenal de tres años y medio, Jesús cumplió el propósito de su tiempo en la tierra. En poco tiempo, hizo la voluntad del Padre.

Obedeció, trabajó, sanó, echó fuera demonios, predicó, enseñó y tuvo compasión de las multitudes. Jesús sabía que el tiempo ya se había consumado. Todo el tiempo estuvo en oración comunicándose con su Padre. Vea a Juan 19:25-30 y a Lucas 23:39-43.

Todos tenemos 24 horas, a unos nos alcanza el tiempo y a otros no, ¿por qué será?, ¿padeces del síndrome de procrastinación, eres un postergador o permites que te posterguen?, ¿trastornando retrasas y evades las cosas y te frustras entre lo importante y lo urgente?, ¿piensas: *"No dejes para mañana lo que puedes postergar indefinidamente"?*

Recuerda, alguien dijo muy sabiamente: *"Si no fuera por el último minuto, nada se haría".*

¿Dejas todo para el último momento, o cumples después del tiempo señalado? Hay una frase popular: *"No dejes para mañana lo que puedes hacer hoy".*

¿Cuáles son tus pretextos?

El tiempo y sus perezosos

Tus tardanzas e incumplimientos pueden dejar huellas que no se podrán borrar con facilidad. Perdiste la oportunidad e hiciste fracasar a otros. En relación con el tiempo y dentro de la realidad de lo que les acontecía, en medio de una gran persecución y angustia, el apóstol

Pablo reenfoca a los creyentes de Corinto y les recomienda diciéndoles:

> *Pero esto digo, hermanos: que el tiempo es corto.... y los que lloran, como si no llorasen, y los que se alegran, como si no se alegrasen, y los que compran como si no poseyesen; y los que disfrutan de este mundo, como si no lo disfrutasen; porque la apariencia de este mundo se pasa.* 1 Corintios 7:29-31

TU PORCIÓN
Sé diligente. ¿Qué tipo de mayordomo eres?

Mirad, pues, con diligencia como andéis, no como necios sino como sabios, aprovechando bien el tiempo, porque los días son malos. Efesios 5:15,16

No te extravíes en el tiempo. Dentro de tus tiempos están incluidas la vida, la muerte y la gente. ¿Tendrás tiempo para el Creador del tiempo? Alerta, sé entendido, discierne lo que debes hacer. Ejerce tu influencia positivamente. Hasta el sol conoce su tiempo, el ocaso, él se somete.

[...] El sol conoce su ocaso. Salmo 104:19

Tenemos la responsabilidad de conocer en qué tiempos estamos viviendo y saber qué hacer y además, modelamos pudiendo guiar a otros. Nuestros días terrenales son breves, somos peregrinos y extranjeros. Hay plazos. El peregrino va de paso, es un viajero que viene del extranjero. No te entretengas en el camino terrenal, nosotros somos diferentes, aunque vivimos aquí no somos de aquí.

Hombres sabios y de gran influencia en la nación

La tribu de Isacar perteneciendo a un ejército, eran expertos guerreros. Ellos conocían los tiempos y no tenían doblez de ánimo. Eran diferentes, su movimiento militar o de decisiones dentro de los tiempos era profético. Y ante las realidades de sus tiempos eran hombres valientes.

> *[...] de los hijos de Isacar, doscientos principales, entendidos en los tiempos, y que sabían lo que Israel debía hacer, cuyo dicho seguían todos sus hermanos.* 1 Crónicas 12:32

El tiempo, como una fuente de energía, se comunica en un movimiento uniforme y exacto, interrelacionando procesos, aprendizaje y conocimiento, formando el carácter. La velocidad de la oscilación del tiempo nos favorece al avance. Para que el tiempo funcione todas las partes internas del reloj integradas se comunican entre sí.

¡Alarma, tic, tic, tic, tac!, el tiempo está corriendo. ¿Sabes lo que debes hacer en tu vida cotidiana, en qué tiempo anda tu entendimiento, disciernes, eres un buen ejemplo?

> *Andad sabiamente con los de afuera, redimiendo el tiempo.* Colosenses 4:5

En el lenguaje griego "redimir el tiempo" lleva la idea de uno que camina por un terreno espinoso.

Llegó la hora

¿Cuáles son tus prioridades en términos del tiempo, cómo lo distribuyes, respetas el tiempo? Los tiempos son una gran escuela que nos hacen detenernos para reenfocar, oír, modificar habilidades y actitudes. Las experiencias son un momento oportuno para asimilar, renovar nuestras perspectivas, adquirir información, concientización y conceptualización del aprendizaje y el conocimiento ayudándonos a formar el carácter. Por ende, podremos lograr valorar la voluntad de Dios a tiempo.

Enséñanos de tal modo a contar nuestros días, que traigamos al corazón sabiduría. Salmos 90:12

Definitivamente, hay que valorar el tiempo que tenemos a nuestra disposición y tener la perspectiva y motivaciones correctas. Somos arrebatados, se corta el día y somos consumidos perdiendo el tiempo. Hay que vivir con visión eterna. Vamos de camino hacia lo eterno. A la luz de lo eterno, ¿cómo puedes aplicarlo? Recoge y organiza tus piezas sueltas. Dios puede hacer un milagro y organizar tu reloj del tiempo. La vida es como el reloj con todas sus piezas y diseño complejo. El engranaje y cada componente, la diversidad de las piezas del reloj y mecanismo funcional permiten la hora. Si el reloj va a funcionar no puede estar fragmentado, cada detalle tiene que estar correctamente integrado, porque cada una de las piezas depende de la otra, todas tienen que encajar. Posiblemente, transmitir la hora es fácil, pero detrás de ella hay un ensamblaje meticuloso y complejo. El tiempo pasa inventario y trae consigo sacudidas, pero los principios nobles y justos del carácter, temperamento y personalidad en integridad y compromiso tienen que prevalecer.

El reloj

¡Alarma! Tic tac, tic tac, tic tac, el tiempo está corriendo. Nuestra sociedad ha dejado grandes y positivas contribuciones, pero también esta misma sociedad está impregnada de una herencia de engaños entretejidos y disimulados en un legado cultural y religioso de nuestros antepasados. Conmemorando tradiciones y festividades de la estación navideña, entre otros asuntos, individuos aseguran unos minutos para cumplir con sus distintas supersticiones, rituales, cábalas y hechizos de fin de año. Como un símbolo de que quemaron el año viejo queman grandes muñecos y así dan la bienvenida a la suerte que traerá el año nuevo. Reconociendo el lapso corto de transición y el cambio entre lo viejo y lo nuevo ansiosamente se espera la despedida del año.

Por un sinnúmero de creencias impuestas como la verdad, los pueblos, tribus y naciones celebran fechas sin el entendimiento verdadero. Aunque en diciembre se festeja, lamentablemente para otros estando la temporada llena de estímulos abrumadores, ya no es "Feliz Navidad", invadidos por sentimientos que arruinan la época se entristecen y no saben ni ¿por qué? Si profundizamos en la historia y sus raíces, encontraremos los enigmas, los errores humanos del tiempo, y los mitos de religiones paganas e idólatras que hemos recibido y mantenido como verdad sin serlo. Dios no condena regocijarse, ni celebrar, ni conmemorar, Dios condena el engaño, la idolatría y motivaciones erradas que pudieran envolver tu festividad. Es de conocimiento general que hay una diferencia horaria entre continentes, países y ciudades del mundo. Podemos ver como ejemplo los diferentes hemisferios, entre un punto y otro tienen diferencias de longitud, latitud, este, oeste. Con sus respectivas zonas horarias puede haber una diferencia de 3 o 4 horas o mucho más, así como corresponda. Tengamos en cuenta que cuando te estás preparando para ir a trabajar, en otro país, o continente se están preparando para ir a dormir.

Cuando es primero de enero, Año Nuevo en San Juan, Puerto Rico, es el 31 de diciembre, año viejo en la ciudad de los rascacielos, New York, y así sucesivamente en fechas claves, en las horas de las distintas ciudades, países y continentes del mundo.

¿Te das cuenta de la realidad? Esto tiene un significado profundo. Mientras se celebra con "hipocresía" social la conmemoración del nacimiento del Salvador del mundo, el reloj profético de Dios el cual demanda suma atención y reverencia es ignorado. Por causa de sus circunstancias e inquietudes de qué pasará este año con el reloj y las expectativas de las fechas, años y días "falsos", desenfocados con los regalos, fiestas, adornos, luces, borracheras y banquetes la gente entristecida se desploma y pierde sus esperanzas. Se olvidan del reloj espiritual que es donde debe estar su prioridad. En el origen de los meses del año del calendario regular, nuestro calendario proviene del latín, y la gran mayoría de los nombres de los días de la semana tienen su origen en historias legendarias vinculadas a la reforma del emperador, político y militar romano Julio César, así como en las adaptaciones de fechas realizadas por el Papa Gregorio XIII, quien implementó el calendario solar-lunar que se utiliza internacionalmente. Hay problemas con el tiempo, medias verdades son mentiras completas. ¡Que

¡Qué esto cambie!

> El reloj de Dios es uno extraordinario, glorioso y profético. Tic Tac. Tic Tac. El reloj de Dios está eternamente en marcha.

esto cambie! La época navideña es una estación fascinante, se trata del regocijo y esperanza. La celebración de la Natividad es un memorial y festejo maravilloso del nacimiento de Jesús, el Dios encarnado.

[...] Emanuel, que traducido es Dios: con nosotros. Mateo 1:23

Celebremos su salvación, amor y presencia. ¿Qué estás celebrando tú?, ¿dónde está tu enfoque?

Porqué un niño nos es nacido, hijo nos es dado, y el principado sobre su hombro; y se llamará su nombre Admirable, Consejero, Dios Fuerte, Padre Eterno, Príncipe de Paz. Isaías 9:6

¿No crees tú que esta conmemoración debería ser algo solemne?

¡Gloria a Dios en las alturas, y en la tierra paz, buena voluntad para con los hombres! Lucas 2:14

Lucas, el historiador, dijo: *Muchos han tratado de poner en orden la histor*ia. Realmente, miremos más allá del día. Si no celebramos su venida a la tierra como el Dios encarnado, el Verbo Eterno, entonces, ¿cómo podremos celebrar su muerte y resurrección? Dios nos liberta.

[...] y conoceréis la verdad, y la verdad os hará libres. Juan 8:32

Los que conocemos la verdad sabemos que Dios tiene otro reloj para la humanidad. En el reloj de Dios sus piezas no están sueltas. El reloj de Dios es uno lleno de esperanza perfecta y buena voluntad. El reloj de Dios es uno extraordinario, glorioso y profético. Tic, Tac, Tic, Tac. El reloj de Dios está eternamente en marcha. ¡En tus manos está el reloj práctico, pero en las manos de Dios están todos los tiempos y su transformación!

CAPÍTULO CUATRO

Etapas simbólicas de la mariposa

> **TU PORCIÓN**
> Espiritualmente puedes renacer. Cuando deseamos revestir algo consideramos si tiene algún daño que necesite reparación. Lo invisible puede dar ese revestimiento.

Anakainoo = revertir

En tu interior, tu vida sufre cambios; se está completando un proceso de revestimiento que te mueve de una etapa a otra completamente nueva. Aún no has llegado al final, pero estás más cerca. El Señor y Salvador Jesucristo es la matriz espiritual irremplazable y donde está garantizada la vida de tu "embrión". La ley del cambio se llama Jesús. Dios quiere llevarte a un completo cambio de forma, de actitud, de ideas y pensamientos, de decisiones, hacia una transformación auténtica.

Trans-forma-acción = Más allá de la forma de tu acción. Incluye todo lo que eres tú, lo externo y lo interno.

La transfiguración

Jesucristo fue transformado. Su rostro resplandeció, brilló como el sol y sus vestidos se hicieron brillantemente blancos como la luz. (Mateo 17)

Las cuatro etapas simbólicas de la transformación de la mariposa son: huevo, larva, pupa y crisálida o adulto.

Para que tu transformación final no resulte en una incapacidad, no puedes trastocar ninguno de estos ciclos de crecimiento y desarrollo. Afectarías tus posibilidades, así como los distintivos y bellos colores que surgen en la etapa adulta.

La etapa del embrión: el huevo

Mi embrión vieron tus ojos, y en tu libro estaban escritas todas aquellas cosas que fueron luego formadas, sin faltar una de ellas. Salmos 139:16

Identidad. Tú eres especial. Tus huellas dactilares son únicas y muy distintivas; son tu ADN, tu genética. En las etapas de tu vida hay áreas microscópicas de crecimiento, en muchas eres vulnerable. Pero tu camuflaje sirve de refugio. En esta primera etapa, tu fea apariencia puede generar confusión. Son etapas indirectas de desarrollo que, aunque muchas sean invisibles, *esa cosa* se está creando. Una cosa es lo que tú crees que eres, y otra lo que Dios sabe que eres; pero lo que la gente cree que eres no coincide con lo de Dios.

Tú ves el huevo de la mariposa. Dios te concibió y ve la majestuosa mariposa que hay dentro, aunque los demás tengan la tendencia a ver tus deformaciones.

En este periodo del proceso de formación, Dios está desplegando su omnisciencia y soberanía. Por lo tanto, *embrión*, tú no sabes de lo que se trata, pero Dios tiene el conocimiento absoluto de lo que está creado, porque tiene un plan, poder y propósito. Él es Omnisciente, todo lo sabe. Él es Omnipotente, todo lo puede.

Aun cuando Dios está interviniendo, el libre albedrío hace que te resistas al cambio. Los insectos son una escuela por naturaleza para nosotros, nos sorprenden no solo por su tamaño y colorido, sino también por su habilidad de adaptarse a los cambios. En la ciencia, los insectos son conocidos por su cambio total.

holo-mete-bolus = *holo*, total; *metabolus*, cambio.

Un cambio total

La metamorfosis puede ser parcial o completa. Dios no se impone, la incomprensión y las malas actitudes hacen que muchos individuos se queden como huevo. Tú no te quedaste tal cual naciste, en la vida natural, tu crecimiento es gradual. Pero hay quienes nunca salen del huevo, se quedan encerrados y sin desarrollarse plenamente. Existen, pero no viven. Así que el esqueleto viejo tiene que romperse. Y para crecer hay que alimentarse, porque solo la presión del crecimiento logrará que se rompa el cascarón. El cascarón no se come a la larva, la larva se come al cascarón.

Aun ganando la carrera, ¿te sigues sintiendo como un parásito?

Etapa larva

Es una etapa de inmadurez y un asunto de apariencia. La anatomía juvenil es totalmente distinta a la de un adulto, aun en el aspecto interno y funciones. Una etapa de apariencia externa "extraña" en la larva es que tiene pelos que parecen espina dorsal, pero la espina dorsal no se ha formado. Su trabajo será comer y crecer para robustecerte y llegar a la madurez de un adulto.

Estás evolucionando

Por causa de la etapa de inmadurez, tienes una serie de remiendos, eres dependiente, estás desprovisto de patas, te arrastras y dependes de otro. Aunque segregas un mecanismo de defensa, no tienes espina dorsal. Eres el huésped que consume lo de otros.

El trabajo de la larva es comer y crecer, o come o muere. Es una etapa de mucha alimentación necesaria, porque se va formando su tamaño, su fortaleza y estructura. Mientras creces, mudas tu piel, te depuras. Es una etapa que requiere mucho esfuerzo porque tienes que romper la cubierta o cascarón. Uno podría pensar cómo es que algo tan feo, inmaduro y dependiente pueda convertirse en algo tan maravillosamente colorido.

Después de esta etapa evolucionas, dejas de ser un parásito para emanciparte. Ya no te arrastras más.

Aplicación personal

Porque tú formaste mis entrañas; tú me hiciste en el vientre de mi madre. Salmos 139:13

Escucha, embrión: tú fuiste intencionalmente entretejido y cuidadosamente formado. ¿Recuerdas la carrera de los espermatozoides? Esas diminutas semillas son entes potencialmente reproductivos. En la fecundación, millones de semillas salen disparadas hacia una carrera vertiginosa y con el solo propósito de entrar a fecundar el óvulo. Todas estas etapas del trayecto hacia la supervivencia conllevan un gran proceso lleno de obstáculos, energía y velocidad. De los millares de espermatozoides que compitieron en el trayecto, solo uno de ellos entró al óvulo: tú fuiste el escogido; solo un ganador, solo un superviviente.

> ¿Qué puedo hacer? ¿Qué recursos tengo? ¿Cómo puedo influir? ¿Qué curso de acción tomar? ¿Por qué? ¿Para qué? ¿Cuándo? ¿Dónde? ¿Cómo?

¿Te das cuenta de que entre tantos seres humanos potenciales que fueron llamados a correr, tú fuiste el llamado y escogido?

¿Sabías que Dios en su divina providencia te llamó y escogió para que tú fueras el ganador?

Providencialmente, Dios gobernó tu carrera.

Pero cuando agradó a Dios, que me apartó desde el vientre de mi madre, y me llamó por su gracia.
Gálatas 1:15

Entonces, ¿por qué preocuparte? No te afanes.

merimnao = preocuparse

La preocupación lleva la idea de una mente distraída, dividida o ansiosa.

Dios te ha tomado en cuenta. Solo por una intervención milagrosa. Cuando tú no tenías control alguno para venir a este mundo y antes de que fueras concebido en el vientre natural, ya estabas dentro de su gran plan y propósito infinito. Dios te había visto, llamado y concebido. Así que tú no eres cualquier cosa. Tu existencia es la idea y el diseño exacto del Creador.

No viniste de turista o a pasear por la tierra sin rumbo: hay un propósito divino para ti. No solo somos materia biológica, sino un cuerpo espiritual que vive en un cuerpo físico y se manifiesta a través de la mente.

Etapa pupa o crisálida

Esta es una fase muy especial: es cuando ocurre la metamorfosis con éxito. Es la última etapa del periodo de maduración. Aquí se rompe o disuelve la envoltura que, hasta ahora, había sido la indicada para la protección contra depredadores. Y aunque, por un tiempo, aquello estuvo prácticamente inmóvil, la inactividad no es improductividad. Es asunto de apariencia. La ausencia de movimiento no significa necesariamente que no haya multiplicación. Estás dentro de una envoltura, protegido dentro de un capullo, nicho o cápsula. Al final, el desarrollo será evidente.

Aplicación personal

Esta fase tiene grandes posibilidades, ya que tus patas, antenas y alas están estructuradas, ya tienes un nuevo tejido. Pero todavía no es el tiempo de abrirse para salir a volar. No se ha completado tu evolución.

Ahora es tiempo de esperar. Luchas con el ambiente, esperando mejores perspectivas y un mayor enfoque.

Adultez

Te haces visible. Tu estructura ya está bien formada y completada. Esta fase es de gran actividad, que no necesariamente es productividad hasta que no haya reproducción. Ahora emerges, te emancipas, eres vistoso. El tiempo de salir de lo oculto a la luz ya se cumplió. Es tiempo de volar con colores exuberantes. Es momento de lograr la reproducción y multiplicación. Tienes todo lo necesario. Es hora de volar a otros aires. Con esta renovación que has vivido ahora puedes crear y embellecer tu propio ambiente.

Mariposa espiritual monarca, tu maravilloso patrón de colores llamativos tiene un significado. No olvides que para tu supervivencia una de tus estrategias es la señal de un "escudo defensivo visual", aposematismo.

No pasarás inadvertida. Un depredador o atacante que te vea te evitará, pues asocia tu divina gama de colores con peligro, alerta, veneno y sabor desagradable.

Aplicación personal

Será un periodo de mucha actividad, tiempo de decisiones. Ahora, tus dones y destrezas se han pulido. Sabes que tienes un llamado y una asignación para la reproducción.

¿Qué puedo hacer?
¿Qué recursos tengo?
¿Cómo puedo influir?
¿Qué curso de acción tomar?
¿Por qué? ¿Para qué? ¿Cuándo? ¿Dónde? ¿Cómo?

CAPÍTULO CINCO

Tu decisión

Cortando las ramas muertas. Las pruebas nos sorprenden en tiempo, geografía, profundidad e intensidad. Sus causas pueden deberse a situaciones comunes, simplemente porque en la tierra rige la ley del pecado y de la muerte. Algunas pruebas llegan porque eres piadoso y recto; otras, por desobediencia; algunas, por incredulidad, y otras, por decisiones desacertadas Pero detrás de todas ellas está un poder antagónico: Satanás, el acusador. Las estaciones y ciclos de pruebas son inevitables. Nadie por mejor o peor que sea está exento del sufrimiento.

Vivimos en tiempos de pruebas y grandes crisis mundiales e históricas. Hay crisis colectivas, crisis en la familia, en la sociedad, en las naciones y en nuestra comunidad; también hay crisis personales. Ni siquiera la Iglesia se salva de las pruebas. Es asunto de esperar cuando es nuestro turno. La enfermedad, la muerte y las tragedias llegan a nuestras vidas sin anunciarse. No tienen hora ni edad, no discriminan. Estamos vulnerables, somos blanco del dolor. No respetan actividades ni estaciones de fiesta. Interrumpen nuestros sueños sin pedirnos permiso.

Llegan las interrogantes, ¿por qué Dios mío, por qué a mí? Cuando las cosas no ocurren como hemos planeado, cuando somos sorprendidos y cuando las desgracias oscurecen nuestro horizonte, ¿qué hacemos con el dolor? Independientemente de la prueba que enfrentes, Dios es Soberano y siempre Él tiene la última palabra. Nadie puede contradecirle.

[...] para que sometida a prueba vuestra fe, mucho más preciosa que el oro, el cual perecedero, se prueba por fuego... 1 Pedro 1:7

Hay que probar la autenticidad de tu fe. Los procesos permiten el desarrollo de tu autenticidad, los procesos ayudan a la depuración. Las caídas, la incitación al pecado, las tentaciones y nuestras concupiscencias también son causas de las pruebas. Aun así, las pruebas tienen salida y una hermana gemela: ella se llama 'puerta de escape'.

No os ha sobrevenido ninguna tentación que no sea humana; pero fiel es Dios, que no os dejará ser tentados más de lo que podéis resistir, sino que dará también juntamente con la tentación la salida, para que podáis soportar. 1 Corintios 10:13

¡Siempre hay salidas, ese "callejón" tiene escape y además hay consuelo! En la aflicción o tentación, en ambas puedes crecer. Soporta con paciencia las dificultades sin renunciar a la fe. Triunfa, vence, persevera y aprende. Soporta con paciencia las dificultades. La paciencia solo crece en "Patmos", entre piedras, lugares rocosos o volcánicos. La paciencia va mucho más allá de no desesperarse, es más que estar calmado. La paciencia como un fruto, solo es producido por el poder que emana del Espíritu Santo.

> *Mas el fruto del Espíritu es amor, gozo, paz, paciencia, benignidad, bondad, fe, mansedumbre, templanza...* Gálatas 5:22,23

> **Mak-rod-sumia** = Paciencia.

Es longanimidad, ser de temperamento de largo ánimo, aguante hasta el fin. También, es saber esperar con buen ánimo, antes de expresar lo que nuestro corazón o alma quiera gritar o murmurar. En medio de las pruebas hay dos características indispensables para la victoria, fe y paciencia como vemos en Hebreos 6:11,12.

> **Mak-rod** = esperar tiempo suficiente.
> **Desumo** = significa furor, enojo por las circunstancias.

Paciencia es ser lento en airarse, aguantar, constancia. Es resistir y perseverar firme en la fe.

> *[...] tomad como ejemplo de aflicción y la paciencia a los profetas que hablaron en el nombre del Señor... Habéis oído de la paciencia de Job...* Santiago 5:10,11

Satanás, siendo el enemigo mayor de todas las creaciones y en su desafío al Creador, atacó a Job para demostrar que él le servía a Dios solo por las bendiciones, y que, al perderlas, lo blasfemaría, como nos dice Job 1:1-12. Dios hizo alarde a favor de Job.

> **Satanás** = oponente archienemigo de lo bueno.

Job era un varón justo, recto, perfecto, en un solo día perdió todo lo que tenía. En su súbita calamidad perdió diez hijos el mismo día, perdió su salud, perdió el apoyo de su mujer y amigos religiosos. No solo lo perdió, sino también sospecharon de su integridad y piedad, lo acusaron de pecado oculto. ¿Cómo esperar?

Hermanos míos, tomad como ejemplo de aflicción y de paciencia a los profetas que hablaron en nombre del Señor. He aquí, tenemos por bienaventurados a los que sufren. Habéis oído de la paciencia de Job, y habéis visto el fin del Señor, que el Señor es muy misericordioso y compasivo. Santiago 5:10,11
Pacientemente esperé a Jehová... Salmos 40:1

El salmista esperó sin desmayar por Dios, en oración esperaba su contestación. La paciencia logra el producto final.

> Fe + Paciencia = Recibes la herencia de la promesa.

[...] porque os es necesaria la paciencia, para que, habiendo hecho la voluntad de Dios, obtengáis la promesa. Hebreo 10:36
Y no solo esto, sino que también nos gloriamos en las tribulaciones, sabiendo que la tribulación produce paciencia; y la paciencia, prueba; y la prueba, esperanza; y la esperanza no avergüenza; porque el amor de Dios ha sido derramado en nuestros corazones por el Espíritu Santo que nos fue dado. Romanos 5:3-5

El propósito es que seamos perfectos, cabales, maduros y completos como expresa Santiago 1:2-4. Un soldado maduro, aun estando herido y fracturado, sigue batallando. No se rinde ni deserta, porque está consciente de que la victoria conlleva compromiso y sacrificio. La palabra perfección lleva la idea de que una persona que ha alcanzado madurez e integridad está completa. Aunque adolorido es decidido, no tiene los huesos del espíritu descoyuntados.

Hay que decidirse a ser paciente. La palabra decisión es una palabra con significado muy revelador y de gran impacto, lleva la idea de cortar o hacer un corte. Dios nos ha regalado la libre elección, y tú tienes el poder en tus propias manos. Una acertada decisión está basada en la verdad, no tiene que ver con sentimientos, ni emociones, ni misticismos. Tus decisiones afectarán otras generaciones en cadenas.

En el proceso de toma de decisiones la objetividad de la verdad, la justicia, la humildad, y respuestas sabias para los problemas o retos de tu vida son indispensables. Para tomar una decisión hay que prescindir eliminando todas aquellas vías, alternativas y posibilidades para escoger las soluciones ante lo que nos interesa. Lleva la idea de cortar ramas secas o muertas que están robando el destino, la productividad, fortaleza y energía a un árbol frondoso. Esas ramas aparentan no ser dañinas, pero ciertamente lo son. Hay que cortar las ramas secas, porque ellas están muertas. El corte tiene que ser analizado, bien informado, selectivo y cuidadoso evitando trastocar la corteza para que el árbol no sea tronchado.

Sabiduría vs. insensatez

Cualquiera que sea la toma de decisión, esta demanda conocimiento y sabiduría. Serán dos herramientas gemelas espirituales indispensables para este objetivo. Sé sabio, es bueno esperar en Dios, pero en muchas de tus esperas es Dios quien está esperando tu decisión.

Sabiduría versus insensatez. La sabiduría es una virtud valiosa y excelente.

[...] y todo cuanto se puede desear, no es de compararse con ella. Proverbios 8:11

Es tan fundamental que en la personificación de la sabiduría en Proverbios 8 declara la Biblia que *antes de los abismos, antes de que fuesen las aguas, antes de los montes, antes de los collados, antes de que fuera formada la tierra, antes del principio del polvo del mundo, ella había sido engendrada, ya existía.* La sabiduría estaba con Dios en la creación. La sabiduría te enseña a implementar el conocimiento aplicable a todos los aspectos de tu vida.

Sabiduría ante todo; adquiere sabiduría... Proverbios 4:7

Es sagacidad, cordura, prudencia, discreción. ¿Cómo adquiero sabiduría?

Y si alguno de vosotros tiene falta de sabiduría, pídala a Dios, el cual da a todos abundantemente y sin reproches, y le será dada. Santiago 1:5

El principio de la sabiduría es el temor a Jehová. Los insensatos desprecian la sabiduría y la enseñanza. Proverbios 1:7

Temor = significa reverencia al Altísimo.

TU PORCIÓN
¡La armonía reclama sabiduría!

Tenemos el gobierno de nuestra voluntad. ¿Qué decisión necesitas tomar hoy?

Pero si tenéis celos amargos y contención en vuestro corazón, no os jactéis, ni mentáis contra la verdad; porque esa sabiduría no es la que desciende de lo alto, sino terrenal, animal, diabólica. Porque donde hay celos y contención, allí hay perturbación y toda obra perversa. Pero la sabiduría que es de lo alto es primeramente pura, después pacífica, amable, benigna, llena de misericordia y de buenos frutos, sin incertidumbre ni hipocresía. Y el fruto de justicia se siembra en paz para aquellos que hacen la paz.
Santiago 3:14-18

Los que han alcanzado madurez se distinguen por la sabiduría que emana de lo alto. En la vida como en un jardín inmenso encontramos todo tipo de "terrenos" y "plantas". Todo es un asunto de cultivar y conocer las posibilidades del terreno y las semillas. Hay gente difícil e insoportable. De la misma forma, como un buen agricultor con sabiduría trabaja arduamente y establece sistemas de regadío y canales, los individuos maduros y espirituales no se dan por vencidos.

Deciden y pueden vivir sabiamente, especialmente cuando andan en terrenos no amigables, inhóspitos y espinosos. Aunque haya gente contenciosa, conflictiva y otros que deliberadamente se nos opongan, tú puedes estar en paz con ellos, aunque ellos no lo estén contigo. Tú cumples con tu parte, mantén el espíritu de amor, entendimiento, sensibilidad y respeto. No lleves cargas que no te correspondan.

> *Si es posible, en cuanto dependa de vosotros, estad en paz con todos los hombres.* Romanos 12:18
> *¿De dónde vienen las guerras y los pleitos entre ustedes? ¿No es de vuestras pasiones, las cuales combaten en vuestros miembros?* Santiago 4:1
> *[...] Dios resiste a los soberbios, y da gracia a los humildes.* Santiago 4:6
> *Someteos, pues a Dios, resistid al diablo y huirá de vosotros.* Santiago 4:7

Tomemos la decisión de eliminar las ramas apretadas del orgullo.

> *Antes del quebrantamiento es la soberbia, y antes de la caída la altivez de espíritu.* Proverbios 16:18

Nuestras acciones moral y espiritualmente revelan lo que tenemos dentro del corazón. Hay quienes han estado en su carácter dependiendo de tejidos formados artificialmente. No son auténticos, están llenos de orgullo, desacuerdos y divisiones y, por ende, tarde o temprano tendrán que enfrentar consecuencias dañinas y devastadoras. Es ensalzamiento, el individuo se ha elevado y se jacta de sí mismo como lo expresa Gálatas 6:3.

> **Orgu-llo** = orgu-yo = La sed del yo.

Un petulante aguijón de grandes proporciones: la sed del *"yo primero", "yo segundo"* y, si sobra algo, *"yo también"*. El orgullo fue el "árbol" codiciable para alcanzar la sabiduría terrenal. Dios es el único, Él es principio y el fin, el Alpha y la Omega. Satanás quiso ser igual a Dios y, al enaltecerse su corazón, fue expulsado y transformado de luz a oscuridad. Dios creó a un precioso ángel, Lucero, hijo de la mañana, pero él, en su soberbia, decidió convertirse en diablo o adversario. Este relato podemos verlo en Isaías 14:12-14.

> *[...] seré semejante al Altísimo.* Isaías 14:14

La vanidad

> **Jabal** = ser vano en acción, hacer descarriar.
> **Jabel** = vaciedad o vanidad, algo transitorio a menudo usado para identificar la vaciedad de los ídolos.

Aborrezco a los que esperan en vanidades ilusorias; mas yo en Jehová he esperado. Salmos 31:6

¿Y tú en que has esperado?

Jehová conoce los pensamientos de los hombres, que son vanidad. Salmos 94:11

La palabra *vanidad* es una palabra clave en el libro de Eclesiastés: *vanidad de vanidades, todo es vanidad* = transitorio. Su conclusión:

> *[...] Teme a Dios y guarda sus mandamientos; porque esto es el todo del hombre.* Eclesiastés 12:13

Dios ha provisto su Palabra como un título de propiedad; ella no es vanidad. Aprópiate de ella porque garantiza tu prosperidad. Debes saber utilizarla. Decídete con reverencia y conocimiento a utilizar la interpretación bíblica correcta y no caer en las manos de falsos maestros y doctrinas erráticas.

> *Entendiendo primero esto, que ninguna profecía de la Escritura es de interpretación privada.* 2 Pedro 1:20

La Biblia tiene reglas de interpretación, mencionaremos algunas básicas tales como:

1. La Biblia nos llegó por inspiración divina. Dios no tiene una regla para ti y otra regla distinta para otra persona. Los intérpretes errados y los falsos maestros introducen herejías. Llenos de palabras vanas e inventivas humanas hacen decisiones basadas en sus preferencias no bíblicas, contaminando y haciendo desviar la verdad. Vea 2 Pedro 2:1-17.

2. Las reglas de contexto dentro del texto (con-texto) demandan mantener la interpretación del texto dentro del capítulo dado y no aislarlo para hacer una interpretación o doctrina individual.

3. La regla de que "traza bien la palabra de verdad". Dentro de la historia, doctrina, edades y nacionalidades hay que saber separar bien una cosa de la otra.

> *Procura con diligencia presentarte a Dios aprobado, como obrero que no tiene de qué avergonzarse, que usa bien la palabra de verdad.* 2 Timoteo 2:15

4. La regla del vocabulario y lenguaje. Los lenguajes bíblicos son hebreo, griego y arameo. Los significados de las palabras tienen que utilizarse dentro de las definiciones originales, expresiones del "hebraísmo" (coloquios judíos) del hebreo, griego y arameo. Hay lenguaje literal, simbólico, poético, parábolas, símiles, metáforas, hipérboles, prosopopeyas que atribuyen cualidades humanas a animales, y otros. Nos podemos reservar nuestras opiniones. Donde la Biblia calla, hay que callar; no es necesario opinar ni hacer suposiciones tergiversándola. Donde la Biblia habla como un arma de defensa tú decides utilizarla y puedes decir, escrito está.
5. La regla de la primera y última mención. En la Biblia, ¿cuándo se dijo por primera vez...?, ¿cuándo fue la última vez que se mencionó...? Un valeroso principio para tener el cuadro completo para la interpretación y aplicar el comienzo y el final de la revelación completa al asunto.

Conclusión
Escrito está:

[...] entre las cuales hay algunas difíciles de entender, las cuales los indoctos e inconstantes tuercen, como también las otras Escrituras... **2 Pedro 3:16**

Dios corrige a su iglesia de las falsas doctrinas y los conceptos errados. Haciendo un limitado recorrido bíblico observamos que en las sinagogas de los judíos y en la iglesia primitiva también se encontraban áreas que eran problemáticas y había que discutirlas. Había malas interpretaciones, desórdenes y chismes dentro de algunas congregaciones. Había problemas matrimoniales, falsos maestros, enseñanzas falsas y divisiones provocadas por el orgullo que les causaban los dones; por ende, para ser transformados tenían que ser enseñados y confrontados. Por ejemplo, les escribe el apóstol Pablo a las mujeres casadas:

> *Asimismo que las mujeres se atavíen de ropa decorosa, con pudor y modestia; no con peinado ostentoso, ni oro, ni perlas, ni vestidos costosos, sino con buenas obras, como corresponde a mujeres que profesan piedad.* 1 Timoteo 2:9,10

El atractivo va más lejos y es más profundo que una cara y vestido bonito ¿Qué vale a una mujer tener el vestido más bello o más largo y con su conducta no respetar o sujetarse a su marido o a la autoridad? Todo es un asunto de conducta. Observamos mujeres y hombres cristianos que desatinadamente descuidan su higiene y belleza externa, porque creen que eso es vanidad y no acicalarse o embellecerse significa santidad. Algunos piensan que ataviarse con faldas largas, mangas largas, no ponerse prendas, ni maquillaje, no tener barba, ni bigote, ni corbatas, o dejarse el pelo largo es santidad, decoro y modestia.

> *¡Fariseos ciegos! Limpia primero lo de afuera del vaso y del plato, para que también lo de afuera sea limpio.* Mateo 23:26

Estos religiosos anulaban la verdad ignorando lo divino y esencial. Solo estaban interesados en sus tradiciones y ceremonias huecas. Los escribas y fariseos expertos en las Sagradas Escrituras con hipocresía demandaban respuestas y preguntaban: *¿Por qué tus discípulos quebrantan la tradición...? ¿Por qué no...?*

> *[...] ¿Por qué también ustedes quebrantáis el mandamiento de Dios por vuestra tradición?* Mateo 15:3

La jactancia religiosa los había consumido. Cuidado de confundir los mandamientos de Dios con las tradiciones.

Vanidad = jactancia.

La jactancia se hacía visible mediante el valor desmedido o excesivo de posiciones, posesiones, materialismo, moda y la autoidolatría. Enseñando cómo conducirse les escribe el apóstol Pedro a las casadas:

> *[...] considerando vuestra conducta casta y respetuosa. Vuestro atavío, no sea el externo de peinados ostentosos, de adornos de oro, vestidos lujosos, sino el interno, el del corazón, en el incorruptible ornato de un espíritu afable y apacible, que es de grande estima delante de Dios. Porque así también se ataviaban en otro tiempo aquellas santas mujeres que esperaban en Dios, estando sujetas a sus maridos.* 1 Pedro 3:2-5

La belleza externa no es pecado, pero sí lo son las motivaciones erradas de la belleza. El gran querubín Satanás fue ostentoso, tenía una convicción de su superioridad, su corazón se dañó, era aparatoso dando esto lugar a su caída. El querubín no se sujetó a Dios. Observemos que, en el mundo actual, más que embellecerse, la gente se disfraza; hasta hay seres humanos que parecen murales, y otros cambian sus facciones, adquiriendo otra identidad.

Especialmente nosotras las mujeres siendo ostentosas con cirugías, pelucas y uñas asuntos artificiales en grandes escalas, pensando ellas que la belleza externa es más valiosa que el carácter, dignidad y una conducta ejemplar.

El ostentoso es pomposo, pedante y engreído en su corazón. Tiene una predisposición a depender de lo fatuo. Su comportamiento es con exageración hacia las cosas materiales. De esa forma, las saca de proporción dándole el lugar que no les corresponde, contradiciendo así la humildad espiritual. El ostentoso, en su apariencia—sea piadoso o no, espiritual o no—puede ser un engreído. Se siente superior, con un orgullo exacerbado en su apariencia externa. Algunas religiones exigiendo lo que Dios no ordena, levantan murallas de cautiverio, se enfocan, persuaden y ufanan poniendo trabas, privando a otros con sus normas, ritualismos y malos razonamientos. Al negarse a someterse a su tradición manipulando a otros los catalogan traicioneros. Los someten o condenan juzgando lo que comen otros, no gustes, no te pongas, no hagas, no hables con, no te juntes con, no vayas a, o viceversa. También otros para exhibir espiritualidad maltratan el cuerpo conocido como ascetismo, viniendo a ser fatuos. Dicen tener revelaciones de Dios exclusivas. Con un sistema religioso impresionante, experimentan devotamente las ciencias ocultas, actividades secretas y de frenesí. Fatuos que con su gran ego esclavizan; son muy persistentes, teniendo como fin el dominio y la manipulación sobre personas y las actividades de sus adeptos.

Fatuor = estar en estado de delirio profético, ridículo, "adivino inspirado".

Viven en un estado de religiosidad incomprensible e indescifrable. Solemnemente desatinan, mercaderes, inflamados de intereses financieros, intrusos, "falsos apóstoles", adivinos inspirados por sus propios egos, son obreros fraudulentos y ministros del infierno.

Y no es maravilla, porque el mismo Satanás se disfraza como ángel de luz. Así que, no es extraño si también sus ministros se disfrazan como ministros de justicia; cuyo fin será conforme a sus obras. 2 Corintios 11:14,15

Satanás es esquemático

En un mismo terreno encontraremos lo que ahoga y lastima, pero también muy cerca del mismo terreno encontraremos lo que crece, madura y se desarrolla saludablemente. La verdad es que hay que tomar en cuenta que "el trigo y la cizaña crecen juntos". Como gemelos idénticos, a primera vista la cizaña y el trigo se parecen, pero estamos de acuerdo que no son iguales. En esta dimensión terrenal los que son verdaderos y los que no son verdaderos, los sinceros y los hipócritas todos vivimos juntos, es necesario que sea así. De la misma forma, los maestros de la verdad y falsos maestros, los verdaderos cristianos y los seudocristianos los podrás identificar y diferenciar por el fruto que producen, por lo que hacen y sus raíces en carácter y enseñanzas. Puede ver Mateo 7:15-20 y Mateo 13:24-30.

Filosofías y argumentos

Mirad que nadie os engañe por medio de filosofías y huecas sutilezas, según las tradiciones de los

> *hombres, conforme a los rudimentos del mundo, y no según Cristo.* Colosenses 2:8

Combatiendo herejías, legalismos, errores y misticismos el apóstol Pablo previene a los creyentes en Colosas y desenmascara a aquellos maestros de filosofías repletos de razonamientos vanos. La ciudad era una metrópolis del Asia Menor, la Turquía moderna. Había una amenaza para aquella comunidad de creyentes, por lo que el apóstol Pablo envió al ministro Epafras con Onésimo a la iglesia de Colosas a corregir doctrinas erradas y perjudiciales. En medio de ellos había impostores, quienes estando ya presente Cristo y el evangelio insistían en seguir observancias legalistas, tradiciones de los hombres, falsas visiones, fábulas, supersticiones y genealogías interminables. Unos de estos eran los gnósticos, quienes enseñaban errores en relación con cómo adorar a Dios. Ahora este pueblo estaba turbado, porque las enseñanzas iban dirigidas a otros medios para acercarse a Dios y no al único mediador, el Señor Jesucristo.

TU PORCIÓN
Fundado y firme en la fe, ¡alerta! la vida y la cristiandad no son un yugo pesado.

Nada puede sustituir la grandeza del sacrificio vicario del Señor Jesucristo. Vive la verdad y no te dejes engañar con especulaciones, ideas, filosofías, razonamientos y ascetismos. Los falsos maestros se ganan tu confianza y después toman control de tu vida para tenerte esclavizado con cosas elementales. ¡Ojo! Es necesario que conozcas la verdad y la vivas. Defender tu fe no es rebeldía, tu responsabilidad es conocer a Dios, su Palabra y darte a respetar con asertividad. Ocúpate de toda tu belleza de espíritu, alma y cuerpo. Fealdad no traduce santidad. Cuídate también de la autoidolatría. Los místicos griegos hablaban de Narciso, un personaje en la mitología. Dicen que cuando se vio reflejado en el agua se fascinó, se enamoró de sí mismo, pero la imagen desaparecía.

> **Mataiotes** = vacío, vano

... que andan en la vanidad de su mente. Efesios 4:17

Proyectan la vanidad e hipocresía. Alejarse de Dios entenebrece el entendimiento. Dios desea la santificación del hombre.

> **Santidad** = separado.

Separado no significa aislado, significa consagración en espíritu, alma y cuerpo. Es salir de en medio de los incrédulos, separarse de la práctica del pecado. Es arrepentimiento, apartarse y limpiarse de inmundicia para servir a Dios. Por ejemplo, comúnmente se separa o reserva una mesa en un restaurante, ella se prepara y limpia para utilizarla específica o exclusivamente para los comensales. Por medio de su gracia estamos reservados. Nuestra separación llama a la ruptura con la práctica de pecado para tener una genuina relación con Dios.

Por lo cual, salid de en medio de ellos, y apartaos, dice el Señor, y no toquéis lo inmundo; y yo os recibiré, y seré para vosotros por Padre, y vosotros

me seréis hijos e hijas, dice el Señor Todopoderoso.
2 Corintios 6:17,18

Desenfocándose de las prioridades la dependencia, glorificación y el engrandecimiento de cosas transitorias en las mentes reflejan un acto idolátrico. Le roban al Rey de reyes y Señor de señores su lugar y gloria. La humanidad está sumida en soluciones de apariencias, se endeudan hasta el cuello olvidándose de la transitoriedad de las cosas materiales de esta vida. Se sientan en la futilidad de la belleza pasajera y las cosas materiales, cosas que caducan y se esfuman. Vale decir que otros prefieren someterse a sus líderes espirituales errados, controladores, autócratas y autoritarios, quienes tienen el poder absoluto, dictándoles disciplinas, guiándolos por encima de Dios, la verdad y autoridad bíblica.

Muchos errando argumentan que el cuerpo que Dios nos dio es malo, sin embargo, el cuerpo es un vehículo neutral. Dependiendo de a quién alimentes más, él va a obedecer en santificación al Espíritu o desobediencia en concupiscencia a la carne. Espiritualmente es desgarrador ver cómo parloteando y blasfemando la verdad, la lacra de falsos ministros está profanando y arruinando la fe del pueblo. Manifestando una religión vana, se convierten en "divas", "divos", *cheer leaders* del espectáculo religioso, hipócritas, actores, quienes entretienen en el espectáculo o *show time* y el *happy hours* religioso.

Algunos entrenadores de aeróbicos, de alabanzas o cánticos espirituales justifican sus intervenciones desacertadas e incorrectas. Según ellos, para que haya presencia de Dios. Con un gran esfuerzo humano y cantidad interminable de repertorio, manipulan el culto racional. Afirman tener la Palabra de Dios y su predicación como preeminencia, pero la exposición de ella la posponen, dejándola para lo último y si les sobra el tiempo.

Para este tipo de ministros seudo espirituales las horas de reunión y adoración a Dios son un asunto terapéutico y manipulativo, no hay entrega humilde; tienen sed y hambre, pero de atención y popularidad. Otros, como Diótrefes, son sombríos opositores. Le roban el lugar de preeminencia a Jesucristo, son un obstáculo, compiten y en sus ambiciones aman el primer lugar y reconocimiento público, tampoco son hospitalarios. Con su mala actitud dictatorial no respetan el apostolado y expulsan a la gente que les es enviada a la iglesia. Podemos verlo en 3 Juan 1:9,10. No tienen común unión con el Señor Jesucristo, todo se trata de ellos y no del Altísimo Santo Dios y su Reino.

La iglesia es un organismo vivo. Los seres humanos la han tergiversado y Satanás le ha "quitado" su verdadera reputación; aun así, no prevalecerá contra ella.

Es fundamental entender que la palabra de Dios tiene trascendencia, está fuera y por encima de todo y por encima de su nombre, su Palabra le da su reputación, ella es Espíritu.

[...] más la palabra del Señor permanece para siempre. 1 Pedro 1:25

Estos caminan sobre sepulcros. Esta clase de ministros no conocen a Dios; son semejantes a los "sepulcros blanqueados", por fuera blanquitos por dentro muy, tenebrosos, llenos de podredumbre y apestosos. Refiérase a Mateo 23:27.

No todo el que me dice: Señor, Señor, entrará en el reino de los cielos, sino el que hace la voluntad de mi Padre que está en los cielos. Muchos me dirán en aquel día: Señor, Señor, ¿no profetizamos en tu nombre, y en tu nombre echamos fuera demonios, y en tu nombre hicimos muchos milagros? Mateo 7:21,22

Contestación:

Y entonces os declararé: Nunca os conocí; apartaos de mí, hacedores de maldad. Mateo 7:23

La historia da clara evidencia de individuos carnales y sensuales, con matices llenos de hipocresía, codicia y mímicas religiosas, que se hacen pasar por santos; creyentes de apariencia que doblan sus rodillas ante lo profano. Se burlan, saquean, corrompen lo sagrado, pero su condenación está reservada. Característicos de Ahola y Aholiba, dos hermanas que simbolizan dos naciones, quienes "se echaban como rameras". También Jezabel la malvada reina, sacerdotisa, idólatra, adúltera, fornicaria, controladora, repudiaba la autoridad y odiaba a los profetas. Personajes insaciables de lujurias, no rompieron la maldición de sus pecados y en su inmundicia fueron destruidas. Para leer estas historias puede ver 1 Reyes 19; 2 Reyes 9:22-30; Ezequiel 16: 23; Hebreos 13:4; Apocalipsis 2:20,21. A todas las generaciones y naciones Dios les demanda el reflejo de su carácter y la virtud de la castidad. Dios anda en la "búsqueda" y el reclutamiento de gente genuina, adoradores verdaderos.

Mas la hora viene, y ahora es, cuando los verdaderos adoradores adorarán al Padre en espíritu y en verdad; porque también el Padre tales adoradores busca que le adoren. Juan 4:23

El amor y la adoración no son una fórmula. En los días de los Jueces, por causa de que la Palabra de Dios escaseaba "cada cual hacía lo mejor que le parecía", llegó la apostasía con una generación que no conocía a Jehová ni sus maravillosas obras. Lea Jueces 2:6-10. Identificaremos a otros como los "Ofni y Finees", los hijos de Elí el profeta. En 1 Samuel 8:3 vemos cómo se desviaron, aceptaron soborno, pervirtieron el derecho, aun así Elí no los estorbó. La nación fue estremecida y el Arca del Pacto cayó en manos enemigas. Deshonraron su oficio sagrado y no contaron con Dios, fueron jóvenes sacerdotes escandalosos, sin valor, impíos, fornicarios y prevaricadores, hijos del sacerdote y juez Elí. El pueblo se quejaba. La falta de respeto y la violencia eran alarmantes: pecaban con las prostitutas a las puertas del Tabernáculo. Elí oía y callaba, porque no quiso estorbarlos, fue padre y líder negligente e indulgente. "Ofni y Finees" aun siendo advertidos proféticamente no cambiaron, perdieron el ministerio y como resultado hubo sentencia catastrófica en la familia de Elí. Fueron todos humillados. De repente y el mismo día ambos hermanos perdieron la vida. Estando la esposa de Finees embarazada ante el escándalo repentinamente parió, pero también ella y su bebé murieron.

Los falsos ministros de Satanás, estando en capacidades sacerdotales y ministeriales, con su carisma animal mesmerizan y deslumbran a sus seguidores. Aprovechan sus funciones, sirven y comen del altar, pero lo profanan, violando el pacto de Dios; desdeñan los sacrificios y las ofrendas. Lea 1 Samuel 2:12-36 y 1 Samuel 4:17,18.

En el mismo capítulo en contraste con Ofni y Finees, nos dice la Biblia:

Y el joven Samuel ministraba en la presencia de Jehová, vestido de un efod de lino. **1 Samuel 2:18**

Ante lo que acontecía:

Y el joven Samuel iba creciendo, y era acepto delante de Dios y delante de los hombres. **1 Samuel 2:26**

Samuel creció y llegó en funciones a juzgar a Israel y tener la escuela de los profetas como vemos en 1 Samuel 3:20,21 y 1 Samuel 7:15,16. No podemos ser espiritualmente negligentes.

La Biblia nos dice que los falsos maestros y depravados son atrevidos, contumaces, desprecian el Señorío de Cristo.

Éstos son fuentes sin agua, y nubes empujadas por la tormenta; para los cuales la más densa oscuridad está reservada para siempre. **2 Pedro 2:17**

El que insista en pecar será quebrantado. Por otro lado, el Señor Jesucristo se enfadó sobremanera cuando entró al templo y observó cómo los cambistas y usureros compraban y vendían en el templo siendo sus motivaciones la avaricia. Vea Mateo 21:12-24.

Veamos los "espíritus engañadores" de los últimos tiempos. La apostasía, o sea, el abandono de la fe y la sana doctrina de Cristo; las herejías, o sea, el desertor doctrinal y las blasfemias, o sea, el maldecir e injuriar, van e irán arrastrando a los de fundamentos débiles tal como nos dice 1 Timoteo; 2 Pedro 3:17; 4:1; Efesios 4:31.

Veamos también a los pastores y ministros permisivos, quienes, pudiendo enmendar lo errado y lo profano y levantar al caído, faltan a sus obligaciones en el nombre del amor. ¡Temerosa hipocresía! Hay pastores y líderes que evaden y deciden no estorbarlos ni confrontarlos con la verdad. Una cosa es la compasión, otra cosa es la permisividad y el incumplimiento. Es fundamental la acción ante la realidad espiritual que nos rodea, es menester intervenir llenos de misericordia y verdad y disciplinar según la autoridad conferida y conforme a las malas obras o impiedad. Por la iniquidad que los líderes saben y permiten, andan en vergonzosa derrota, "espuman su propia vergüenza", pero Dios juzgará su casa. La disciplina de los hijos conduce a la restitución.

Pero si se os deja sin disciplina, de la cual todos han sido participantes, entonces sois bastardos, y no hijos. Hebreos 12:8

Dios continúa teniendo un remanente de hombres y mujeres aprobados en la fe, fieles y legítimos profetas, pastores consagrados, evangelistas y maestros. Los podemos llamar los Moisés, Daniel, David y Pablo. Las matriarcas como Sara, Rebeca, Rut, Débora, Ester, las María, Priscila y las mujeres anónimas. Veamos en Romanos capítulo 16 una lista digna de colaboradores fieles y legítimos que todavía son manifestados en la iglesia local y denominaciones de nuestros países y a través de las naciones; quienes en obediencia advierten a los que profanan el nombre de Dios diciéndoles palabra profética. Así dice el Señor: "*Icabod*" ignomiosos, ¡ay de ellos!, traspasada es la gloria. Estos indolentes, no arrepentidos, están ya sentenciados y serán quebrantados. Algunos de ellos no llegarán al final de sus días. Pretenden ser ministros, saben de mí, pero no me conocen. Son hijos de Satanás o *"Belial"* (indigno). Si te arrepintieres de todo corazón, yo te restituiré. Mi Espíritu Santo obrará en tu vida; así dice el Señor. Vea 2 Corintios 6:15,16. Vea también en 1 Samuel 2:22-36 y 1 Samuel 3:11-14 la maldad y pecado de los hijos de Elí el sacerdote. Y en Judas 1:24 a los falsos maestros y los apóstatas.

Digo, pues: Andad en el Espíritu, y no satisfagáis los deseos de la carne. Gálatas 5:16

Concupiscencia = Un deseo vehemente o desmedido, codicia, obrando en las pasiones desordenadas y deshonestas de los apetitos sensoriales. La concupiscencia es la matriz que da a luz el pecado. Esto puede leerlo en 1 Pedro 4:2,3 y Santiago 1:15.

La caída del hombre de Génesis a la cruz

Cuando el diablo se transformó en maldad, fue echado de la presencia de Dios a la tierra. Su estrategia fue mentir, puso en duda la ley de Dios, lo que Él ha dicho, ha hecho y hará. Seduce, tienta, zarandea, oprime, deprime, acusa, utiliza la astucia, hurta, destruye, es homicida. Teniendo el poder magnético de la seducción y sugestión, la primera mujer, erradamente, conversó con este ángel caído, pero Satanás no entiende argumentos, él solo huye resistiéndolo bajo la autoridad de la ley de Dios y su Palabra eterna en el poder del Espíritu Santo. Desde el principio Dios estableció firmemente su ley y beneficios.

Y mandó Jehová Dios al hombre, diciendo: De todo árbol del huerto podrás comer; mas del árbol de la ciencia del bien y del mal no comerás; porque el día que de él comieres, ciertamente morirás. Génesis 2: 16-17

La serpiente contradijo y dijo:

Entonces la serpiente dijo a la mujer: No moriréis; sino que sabe Dios que el día que comáis de él, serán abiertos vuestros ojos, y seréis como Dios, sabiendo el bien y el mal. Génesis 3:4,5

Por encima de lo que Dios les había ordenado, Eva desobedeciendo, siguió la directriz de la serpiente; le agradó lo que sus ojos vieron y tomó su fruto y también lo compartió con su marido. Vea Génesis 3:6. Eva respondió a Dios: *"La serpiente me engañó y comí"*. Adán respondió a Dios: *"La mujer que me diste por compañera"*. Estas actitudes y respuestas son semejantes a las mismas que nosotros tomamos ante la vida y caídas espirituales. Mirando hacia afuera y alrededor utilizamos el dedo acusador, cuando nos corresponde mirar hacia adentro para cambiar o reconocer el cambio que con tanta urgencia necesitamos. Tenemos la prepotencia de hasta acusar a Dios cuando no ha sido Él quien ha traído este caos a la tierra, el hombre es el responsable influenciado por Satanás y su mundo de maldad. La desobediencia de Adán y Eva estableció en la tierra el aguijón de la maldición, el aguijón de angustia y el aguijón de la muerte. Ellos obedecieron más las voces de cada uno y la de la serpiente que la voz de Dios quien los creó.

Y al hombre dijo: Por cuanto obedeciste a la voz de tu mujer, y comiste del árbol de que te mandé

¡Qué esto cambie!

> *diciendo: No comerás de él; maldita será la tierra por tu causa; con dolor comerás de ella todos los días de tu vida. Espinos y cardos te producirá, y comerás plantas del campo.* Génesis 3: 17,18

A la mujer le dijo:

> *A la mujer dijo: Multiplicaré en gran manera los dolores en tus preñeces; con dolor darás a luz los hijos; y tu deseo será para tu marido, y él se enseñoreará de ti.* Génesis 3:16

La caída del hombre generó la naturaleza carnal y sus obras infructuosas, haciéndolo esclavo de sus cinco sentidos, como Pablo nos dice en Gálatas 5:18. Por naturaleza no queremos admitir que tenemos en nuestro ser interno *esto* que nos ha carcomido por años, el pecado, "cosas" suprimidas que atormentan nuestros pensamientos a largo plazo. Cosas atrapadas en nuestros corazones y por causa del dolor y temor nos auto justificamos y nos escondemos como Adán y Eva, no responsabilizándonos ni prestamos la debida atención. Como resultado, dañamos nuestros corazones. El orgullo nos hace sucumbir. Dios nos demuestra en Job 41 que el orgullo es como el Leviatán, un monstruo marino, rey del orgullo, cuyas escamas son tan fuertemente apretadas que se vuelven impenetrables.

> *El uno se junta con el otro, que viento no entra entre ellos.* Job 41:16

Las raíces del orgullo pueden proliferarse extendiéndose en distintos tipos de manifestaciones y formas. Puede expresarse en los asuntos de las posesiones materiales a través de la apariencia de piedad, o como el fariseo que confiando en sí mismo oraba menospreciando a los demás y se golpeaba el pecho diciendo:

[...] Dios te doy gracias porque no soy como los otros hombres... Lucas 18:11

Por otro lado, al justo y piadoso personaje bíblico, Job en medio de su calamidad le fue revelada su actitud de autosuficiencia. Dios reta a Job y le da una gran enseñanza en cuanto al orgullo.

A diario nos topamos con individuos orgullosos, algunos llenos de "sabiduría natural" son tan fatigosos que nos secan las ramas del alma. El espíritu de orgullo se queja, adjudica culpa, humilla, se burla, critica, desvaloriza, calumnia, hiere. Algunos ejemplos de algunas ramas secas del alma para cortar son nuestros problemas, esos están íntimamente ligados a una serie de actitudes. Evaluemos algunas, el prevaricador es un "patituerto", quien se desvía habitualmente de la trayectoria a seguir e incita a otros a que falten a sus obligaciones morales y espirituales. El término "prevaricador" también se utiliza para referirse a los que hacen resoluciones arbitrarias, extorsionan y evaden impuestos.

Desarraigar a los prevaricadores, quienes cometen el delito de traición. Este es un término jurídico y un delito de abuso de autoridad. El prevaricador se corrompe, no cumple con los deberes y a conciencia en su cargo o posición, tuerce y transgrede. El impío es enredado en la prevaricación tal y como nos dice Proverbios 12:13.

> *Huye el impío sin que nadie lo persiga...*
> Proverbios 28:1

Hay que cortar las malas obras de impiedad. Estos desprecian a Dios, el malvado, causa vergüenza, es egoísta, antisocial, piensa y se apresura en hacer mal y es incapaz de mostrar empatía, no se compadece de su semejante. La sabiduría terrenal está sujeta a los valores y principios humanos. Saliendo del alma, está sujeta a lo carnal.

La lengua detractora, la lengua que critica, amancilla hablando mal de alguien o algo porque no está de acuerdo. Con sus opiniones desacredita, descalifica, ofende y arrastra a la gente.

> *El malo está atento al labio inicuo; y el mentiroso escucha la lengua detractora.* Proverbios 17:4

La mentira hay que desecharla. Los "embustes" son tan comunes y es uno de los grandes retos para muchos, incluyendo cristianos. A diario nos topamos con los mentirosos, quienes justificando sus actos, hablándonos con pequeñas mentiras blancas, están convencidos de que no han hecho nada malo. Para Dios la mentira no tiene colores. El mitómano siendo un tipo de "cuenta cuentos" por su baja autoestima, compulsiva y morbosamente desfigura la verdad para disfrazar su personalidad con fábulas. Los mentirosos tienen la capacidad de hacer una sabrosa combinación, mezclando la verdad con la mentira. Los mentirosos incidentales y los compulsivos, ambos son mentirosos. Aunque los "embustes" son un problema espiritual, tienen una gran influencia en la espina dorsal de la moral y los principios éticos.

La mentira, tiene un espíritu satánico escondido, originado en el padre de toda mentira. La mentira puede tomar una forma evasiva, sutil y manipuladora. Además, es manifestada guardando silencio, su propósito es el engaño, hacer creer. Judas Iscariote guardó silencio cuando el Señor Jesús expresó que en la mesa estaba sentado con él quien lo entregaría.
Conmovido, Jesús declaró y dijo:

[...] que uno de vosotros me va a entregar. Entonces los discípulos se miraban unos a otros, dudando de quién hablaba. Y uno de sus discípulos, al cual Jesús amaba, estaba recostado al lado de Jesús. A éste, pues, hizo señas Simón Pedro, para que preguntase quién era aquel de quien hablaba. Él entonces, recostado cerca del pecho de Jesús, le dijo: Señor, ¿quién es? Respondió Jesús: A quien yo diere el pan mojado, aquél es. Y mojando el pan, lo dio a Judas Iscariote hijo de Simón. Y después del bocado, Satanás entró en él. Juan 13: 21-27.

Judas Iscariote, el traidor, no tenía que incriminarse, pero hubo un silencio de alevosía. Pensó muy bien, maquinó su mentira para que no lo descubrieran. Satanás entró en lo más profundo de su corazón. La lengua de Judas alborotó la ciudad. Si nos detenemos a evaluar podemos concluir que la lengua puede ser la causa de honor, quebrantamiento, vergüenza y destrucción. Se espera que lo que salga de la boca sea como medicina, no veneno. Nuestras bocas revelan nuestro testimonio.

> *Por lo cual, desechando la mentira, hablad verdad cada uno con su prójimo; porque somos miembros los unos de los otros.* Efesios 4:25

Corre de la mentira y la murmuración

El causante de la mentira es Satanás, opositor de la verdad.

> *Vosotros sois de vuestro padre el diablo, y los deseos de vuestro padre queréis hacer. Él ha sido homicida desde el principio, y no ha permanecido en la verdad, porque no hay verdad en él. Cuando habla mentira, de suyo habla; porque es mentiroso, y padre de mentira.* Juan 8:44

Algunas formas de mentir son los *seudo* = imitación, cositas "pequeñas" indirectamente falsas, fingir, exagerar, omitir, falta de sinceridad. La mentira, está incluida entre las 6 cosas que Dios aborrece:

> *Seis cosas aborrece Jehová, y aun siete abomina su alma: Los ojos altivos, la lengua mentirosa, las manos derramadoras de sangre inocente, el corazón que maquina pensamientos inicuos, los pies presurosos para correr al mal, el testigo falso que habla mentiras, y el que siembra discordia entre hermanos.* Proverbios 6:16-19

Si vemos Proverbios 2:17 y Proverbios 26:24, 28, también lo encontraremos. Un ejemplo lo encontramos en el matrimonio de Ananías y Safira. Estando en medio de la congregación ellos mintieron al Espíritu Santo y les costó la vida tal como nos dice Hechos 5:1-10.

TU PORCIÓN
¿Cuál es la integridad de tu boca, es ella confiable? ¿De qué están impregnadas tus conversaciones diarias, de la verdad?

No mintáis los unos a los otros, habiéndoos despojado del viejo hombre con sus hechos, y revestido del nuevo, el cual conforme a la imagen del que lo creó se va renovando hasta el conocimiento pleno. Colosenses 3:9,10

Algunos tipos de lenguas de insensatez son la lengua que siembra las discordias: Depravada, perversa, corrupta como vemos en Proverbios 6:12-15.

La lengua encarecedora se burla... *ni en silla de encarecedor se ha sentado.* Salmos 1:1.

La lengua hiriente, afilada, es como una cuchilla.

Hay hombres cuyas palabras son como golpes de espada; mas la lengua de los sabios es medicina.
Proverbios 12:18

La lengua lisonjera, adula y exagera.

Jehová destruirá todos los labios lisonjeros y la lengua que habla jactanciosamente. Salmos 12:3.

La lengua errada es una equivocada, con mal juicio divaga y provoca inconsistencias. Realmente es más común que lo debido. Aunque su intención no es mentir, surge cuando fallamos y damos datos no exactos. Los errores "crasos" son graves, a ellos se catalogan como errores "imperdonables" o que no tienen justificación. Conscientes o no, a diario no cumplimos, faltamos a alguien y hasta con el tiempo, deambulamos.

La lengua comete errores de cálculo y erramos en la información y revelación. Por la desinformación, la falta de educación y conocimiento, la lengua errada está muy inclinada y encaminada a la ignorancia. Hay gente ignorante que intencionalmente eligen quedarse en el "*statu quo*" del desconocimiento y equivocaciones. Otros, irresponsablemente, admitiendo su desinterés e ignorancia de temas particulares, utilizan frases como: *'De eso no sé nada'*, cuando en realidad no se interesan en saber. Aunque la falta de conocimiento puede ser temporal, por decisión o por incapacidades cognitivas, lamentablemente por voluntad propia lo hacen definitivo.

En la prueba de la vida el conocimiento y tu lengua, entre otros elementos harán la diferencia: *Refrena tu lengua, en las muchas palabras no falta pecado.*

[...] mas el que refrena sus labios es prudente.
Proverbios 10:19
Por esto, mis amados hermanos, todo hombre sea pronto para oír, tardo para hablar, tardo para airarse. Santiago 1:19

La lengua murmuradora, un murmullo de perjuicio y censura trae disensión. Por ejemplo, la lengua de Miriam, Aarón y el pueblo de Israel. El caudillo Moisés recibió el daño con los dardos de fuego de las lenguas de su pueblo.

Y toda la congregación de los hijos de Israel murmuró contra Moisés y Aarón en el desierto. Éxodo 16:2

Ellos ejercitaron sus imaginaciones, viéndose sentaditos, comiendo frente a las ollas de carne; además, se desearon la muerte. En Tabera el pueblo continuó quejándose. Ahora se acordaban del pescado, de los pepinos, melones y puerros. No agradecieron el "Maná", la provisión del cielo. Entre quejas y frustraciones el castigo no se hizo tardar. Entonces la ira de Jehová se encendió contra ellos. El caudillo Moisés continúo intercediendo, como vemos en Números 11 y 12. En su travesía por el desierto, les faltó agua y carne, y añoraron los ajos y cebollas de su esclavitud en Egipto. En su desesperación con rencillas en sus corazones, gritaban: ¡Que *esto* cambie!

Es desconcertante entender que ante tantos milagros y misericordia el pueblo se oponía siendo aún más problemático e insatisfecho. En cada angustia Dios siempre se mantuvo fiel, les fue propicio, proveyó agua y pan del cielo. Definitivamente, provocaron a Dios. Lea esto en Éxodo 15, 16 y 17. El agua de Mara. Durante su travesía, internados en el desierto, anduvieron tres días. Y llegaron a Mara y no pudieron beber las aguas de Mara, porque eran amargas"; y por eso pusieron el nombre de Mara. Entonces el pueblo murmuró contra Moisés y dijo: ¿Qué hemos de beber?

La intercesión:

Y Moisés clamó a Jehová, y Jehová le mostró un árbol; y lo echó en las aguas, y las aguas se endulzaron. Éxodo 15:25

Finalmente, llegaron a Elim, un oasis. Allí acamparon cerca de las aguas y disfrutaron de doce pozos o manantiales bajo la sombra y el fresco de setenta palmeras.

> **Jehová Rafa** = *porque yo soy Jehová tu Sanador.* Tu médico sanador y restaurador.

En otra ocasión salió agua de la peña. Masah y Meriba son los lugares donde hay rencilla, queja, murmuración e ingratitud. Ellos tentaron a Jehová diciendo:

Así que el pueblo tuvo sed, y murmuró en contra de Moisés. Éxodo 17:3

Altercando. Cuando Dios entra en la escena del alma, la lengua tiene que regenerarse y ser afectada por la voluntad. Ella cambia su idioma natural. Desechas, refrenas y dejas todo tipo de altercado y de practicar la mentira, la detracción y toda clase de murmuración.

> Dios puede reparar cualquier tejido dañado donde quiera que esté. El rey David estando en aprietos y reconociendo sus inclinaciones, oró pidiendo un guarda.

Los quejumbrosos tienen las características de la rebelión de Coré: son desafiantes y confiesan con sus bocas; ellas testifican de la división, desobediencia, resentimientos e insubordinación. Datán y Abirám a pesar de que eran líderes consejeros, hombres célebres, por ambiciones infundadas se rebelaron y enfrentaron a Moisés y a Aarón cuestionando su autoridad, poniendo en tela de duda el llamado, fomentando un motín. Una rebeldía puede perjudicar grandemente lo que con muchos años de sufrimiento pastoral, sacrificios y esfuerzos costó edificar. Moisés no entró en contiendas, él se postró con rostro al suelo ante Dios e intercedió. Como consecuencia, la tierra tragó a todos los que causaron tal terrible división. Dios respalda la jerarquía del que Él llama tal como nos enseña Números 16. El Señor Jesucristo hablándole a una nueva generación dijo:

> *¡Generación de víboras! ¿Cómo podéis hablar lo bueno, siendo malos? Porque de la abundancia del corazón habla la boca.* Mateo 12:34

Déjame oír lo que dices, y sabré qué raza de víbora eres, qué crees, cuán 'bueno' eres y a qué reino perteneces. No puedes dar lo que tu propia naturaleza no produce.

> *El hombre bueno, del buen tesoro de su corazón saca lo bueno...* Lucas 6:45

El propósito de la lengua, ella va mucho más allá que simplemente ser usada para hablar, ese músculo tan pequeño fue creado con grandes propósitos espirituales y divinos. A continuación, veamos sus usos.

Una lengua sana edifica
- Confesar: *si confesares con tu boca.* Romanos 10:9
- Orar: *pedir o solicitar.* Efesios 6:18
- Bendecir: *Bendice alma mía...* Salmos 103:1
- Loar y publicar: *...su alabanza estará de continuo en mi boca.* Salmos 34:1
- Predicar o decretar la Palabra: *Id por todo el mundo y... enseñándoles...* Mateo 28:19

Dios puede reparar cualquier tejido dañado donde quiera que esté. El rey David, estando en aprietos y reconociendo sus inclinaciones, oró pidiendo un guarda.

Pon guarda a mi boca, oh Jehová; guarda la puerta de mis labios. Salmos 141:3

Todos los malos hábitos pueden ser cambiados.

CAPÍTULO SEIS

Tu restauración

La regeneración es el reemplazo y reparación biológica de los tejidos dañados. La matriz celular se encarga del proceso regenerativo.

Tu restauración

Cuando Dios habla de restauración abarca mucho más de lo que nosotros podemos imaginar. Va más lejos y profundo de lo que tú has perdido. Nuestro Creador comienza su obra en nosotros desde adentro y hacia afuera. Él restaura lo interno, y comienza con el tejido del aspecto espiritual porque es la prioridad. En los tiempos en que vivimos, la gente vive de afuera hacia adentro: primero lo material y luego lo espiritual. Esto se parece a un vehículo fuera de su carril original, yendo en dirección contraria al tránsito. En cualquier momento habrá una colisión y se experimentará la ruina y el alboroto por la devastación que traerá el accidente. En el trayecto, será solo un asunto de sentarse a esperar a ver las consecuencias. Hay que vivir de adentro hacia afuera, de lo espiritual a lo material.

> **Sho o Shoa** = precipitarse sobre, devastación, desolar, alboroto, quebrantamiento, calamidad, ruina, tempestad. También significa restaurar.

Tu lengua te perseguirá, se tornará a favor tuyo o contra ti. ¿Es tu boca como torbellino que trae un desastre sorpresivo? Mira los contrastes espirituales: segar corrupción o segar vida eterna. (Ver Gálatas 6:8)

Hay bocas venenosas, serpientes que devoran, invasoras, llenas están de desperdicios; bocas voraces que arrancan el corazón, traumatizándolo o mutilándolo.

Lo que quedó de la oruga comió el saltón, y lo que quedó del saltón comió el revoltón; y la langosta comió lo que del revoltón había quedado. Joel 1:4
Y os restituiré los años que comió la oruga, el saltón, el revoltón y la langosta, mi gran ejército que envié contra vosotros. Joel 2:25

En Israel había depredadores que causaban devastación y desastres. Mediante una metáfora describe el profeta la invasión de grandes latitudes y la intensidad de lo que estaba experimentando la nación. En un ataque masivo, la oruga, el saltón, el revoltón y la langosta en sus etapas eran de temer. Estos invasores se precipitaban sobre la cosecha trayendo consigo grandes ruinas. Dios, en una demostración de su gran poder y Espíritu, le promete restauración a la nación en medio de su gran aflicción y calamidad.

Estamos viviendo algo muy parecido, viviendo en una sociedad voraz, vivimos en medio de los estragos de una red de problemas. Así como los depredadores, estamos involucrados: no respetamos ni a los seres humanos ni a la naturaleza. Con nuestro comportamiento de generación en generación demostramos por todas partes que vivimos en una dimensión de autodestrucción social, en un mundo plagado de mentiras y traiciones, esclavizados, olvidadizos y desconectados.

¡Que *esto* cambie con el poder del Espíritu de Dios! Con disposición podemos transformar nuestra sociedad, nuestra vida y entornos. Hay esperanza de restauración.

Un nuevo rabo

De forma habitual viajo a las islas del Caribe, donde las iguanas son parte de la población. Hacía un tiempo que yo había orado por una ilustración que pudiera ser una demostración efectiva de la palabra *restauración*. Dios contestó. Yo estaba debajo de unas palmeras disfrutando de la brisa y allí llegaron las muy famosas iguanas, pero una de ellas había experimentado un trauma. Lamentablemente, parte de su rabo de alguna manera había sido mutilado. Aunque su viejo rabo daba evidencia del trauma, muy cerca, al lado de la punta del rabo viejo, le había salido un nuevo rabo. Hubo restauración.

La palabra *trauma* en el griego bíblico significa *herida*. Las heridas, los desafíos, la calamidad y los traumas en todas sus posibles mutilaciones hacen suficientes interferencias para no permitir que una acción necesaria suceda. Pero no pierdas la fe. El consuelo y la intervención de tu Creador con su restauración se hacen reales. Aunque haya lamento y tu "rabo" esté mutilado, ese nuevo tejido solo Dios lo puede crear. La misericordia de Dios tiene la buena voluntad de crear y restaurar. No pierdas la esperanza; si crees, algo nuevo nacerá. Conectándote logras un cambio radical en todas tus acciones y destino: el poder del Creador, con su cuchillo espiritual quirúrgico, limpia, poda, corta lo infructuoso.

> *Yo soy la vid, vosotros los pámpanos [...] separados de mí nada podéis hacer.* Juan 15: 5

Si se mantienen injertados, los pámpanos pueden vivir y recibir su debida nutrición de la savia de la vid; de lo contrario, desconectados no pueden producir nada y son destruidos.

Sin desechar no se puede restaurar

Hay personas que han perdido años y días, secándose y siendo devorados, porque en las crisis se desconectaron y no supieron qué hacer. No estaban espiritualmente injertadas. Otras no se disciplinaron en la Palabra. Y otras tantas no obedecieron a Dios.

Teniendo la oportunidad de ser transformados, sus vidas no trascienden y siguen luchando en contra de poderes espirituales con sus propios esfuerzos. En el pecado no se arrepintieron, en sus culpas se quedaron sin perdón, en medio de la enemistad no se reconciliaron y en el sufrimiento no aceptaron el poder restaurador del Espíritu Santo. Hicieron lo que se les vino en mente y no botaron la basura que está guardada en el interior de sus corazones, y se quedaron atrapados como en un barranco inmundo y fueron devorados.

En Jerusalén hay una puerta que se llama la Puerta del Valle Muerto o Valle de Cedrón. El valle estaba ubicado junto a la Puerta del Muladar, que en hebreo significa *la puerta donde se deja la basura y el estiércol*, lo que es objeto de contaminación personal y colectiva. En esa puerta se recogían los desperdicios una vez por semana. (Ver Nehemías 3:14)

Después de ser recogidos, se echaban en el río Cedrón, que a su vez desembocaba en el Mar Muerto, un mar caracterizado por no tener salida. Dice la Biblia que la Puerta del Muladar fue restaurada con sus puertas y cerrojos.

> **TU PORCIÓN**
> Más allá de las causas, deja tu excremento fuera de tu campamento (ver Deuteronomio 23:13-14). Tu puerta puede ser reedificada. Pero desecha tu basura. No te intoxiques.

¿Todavía estarás deliberadamente acumulando bolsas de basura? Gente que se aferra a los desperdicios; sus bocas, acciones y reacciones testifican de toda la basura que, como un viejo tejido, han entretejido y acumulado dentro de sus entrañas.

¡La basura apesta y ahuyenta! ¡Escúchate y obsérvate, así sabrás si tú has sido devorado por tu basura acumulada!

Espiritualidad *vs.* culpa

Dios desea tu espiritualidad, algo que no se reduce a ritos, ceremonias vanas ni a lo esotérico. En la espiritualidad, Dios pone los términos y el hombre se somete a Su manera En la espiritualidad Dios no te acusa, solo desea regenerar tu condición. Espiritualidad es comunión y unión con Él.

Hay quienes adormecen sus culpas con vicios, otros con actos de aparente espiritualidad, benevolencia y caridad, pero esa no es la respuesta. En nuestras luchas nos sentimos atrapados, confundidos y avergonzados con sentimientos de culpa.

La palabra *culpa* en el griego bíblico significa *condenación o juicio*. La culpa es una fuerza que alimenta el recuerdo con un espíritu opresivo.

Algunos acontecimientos nos hacen llevar imágenes mentales no saludables, acusándonos de algo *que* debimos haber hecho bien y no hicimos, creando así el remordimiento. Contrario a esto, la convicción de pecado es obra del Espíritu Santo. Para que dejes la negligencia y la imprudencia, y te conduzcas con diligencia y prudencia, reconociendo tus pecados y transgresiones hacia *el arrepentimi*ento. El señalamiento conlleva como propósito vital el perdón y que haya un giro de 180 grados en tu vida.

> No quites tu mirada, mantén tu enfoque de fe en dirección al reino de Dios.

Por naturaleza, Satanás es el acusador, y la culpa nos acusa. El remordimiento es ese perro que te muerde y remuerde por causa de actos de omisión o comisión y devora tus tejidos sanos. El sentimiento de culpa es una fuerza estratégica y un arma poderosa de Satanás y sus espíritus. Esa fuerza maligna martilla tu mente, te hace daño y te hiere y mutila tu interior. Todos estos pensamientos generan depresión, angustia y tormento; te hacen sentir avergonzado e inseguro, pensando que no mereces el amor y la misericordia de Dios, ni tu restauración. Te avergüenzas ante la gente y posiblemente ellos están igual o peor que tú.

> **TU PORCIÓN**
> No te condenes, castigues ni destruyas, pon tu fe en el Hijo de Dios y la Palabra infalible e inmutable. Sal de tu rinconcito de víctima. Con la fe puedes combatir actitudes negativas, aflicción, depresión y melancolía.

Porque todo lo que es nacido de Dios vence al mundo; y esta es la victoria que ha vencido al mundo, nuestra fe. 1 Juan 5:4

Hay solución. Jesucristo es tu sustituto. En su ministerio terrenal experimentó dolores como el Siervo sufriente, el varón de dolores que experimentó el quebranto.

El Espíritu de Jehová el Señor está sobre mí, porque me ungió Jehová; me ha enviado a predicar buenas nuevas a los abatidos, a vendar a los quebrantados de corazón, a publicar libertad a los cautivos, y a los presos apertura de la cárcel; a proclamar el año de la buena voluntad de Jehová, y el día de venganza del Dios nuestro; a consolar a todos los enlutados; a ordenar que a los afligidos de Sion se les dé gloria en lugar de ceniza, óleo de gozo en lugar de luto, manto de alegría en lugar del espíritu angustiado; y serán llamados árboles de justicia, plantío de Jehová, para gloria suya. Reedificarán las ruinas antiguas, y levantarán los asolamientos primeros, y restaurarán las ciudades arruinadas, los escombros de muchas generaciones. Isaías 61:1-4

Jesús vino a restaurar y fortificar. Él te sana, consuela, unge, reedifica, levanta e imparte el gozo del Espíritu Santo.

No te niegues a la transformación

Jesús hizo un llamado al cambio, pero los religiosos de su época se negaron a transformarse. Ellos decidieron quedarse en el nivel más bajo. Frente a ellos estaba la verdad eterna, pero por decisión propia no pudieron ser transformados, prefirieron lo más bajo de la conducta y de la vida, prefirieron lo temporal. No creyeron en la solución eterna.

No hagas lo mismo que ellos. Ellos miraban al hijo del carpintero, no podían ver a Dios hecho carne. Lo que ellos tenían que hacer estaba profetizado, ellos sabían las Escrituras, pero no las aplicaron porque no pudieron creerlas. No hagas lo mismo.

¿Hacia dónde miras o hacia quién?

No quites tu mirada, mantén tu enfoque de fe en dirección al reino de Dios.

No mirando nosotros las cosas que se ven, sino las que no se ven; pues las cosas que se ven son temporales, pero las que no se ven son eternas.
2 Corintios 4:18

CAPÍTULO SIETE

Decreto de fe

Expirando Jesús en un grito victorioso, exclamó: ¡Consumado es! = Todo terminó = Tetelestai.

> **TU PORCIÓN**
> El precio que demanda Dios por la ira de tu pecado ha sido pagado. Tu deuda, juicio y la sentencia por el pecado y la culpa ya se llevó a cabo. Voluntariamente Jesucristo tomó tu lugar. Él te fue propicio.

La fe produce fuerza para vivir.

Es, pues, la fe la certeza de lo que se espera, la convicción de lo que no se ve. Hebreos 11:1

Hay cosas que no se ven, pero no dejan de ser reales. Pintores y escritores dejan sus países y se trasladan a lugares especiales con la sola intención de alejarse para recibir revelación y una renovada inspiración que transforme sus pinturas y escritos. Cuando hablamos de revelación, hablamos del momento cuando se corre el velo y se devela lo que estaba detrás escondido a primera vista. Es un momento crucial porque es cuando vemos la creación del artista con verdadera visión. Aunque se nos hubiera declarado todo el cuadro artístico y de qué trataba la obra, es en ese momento clave de exhibición cuando vemos y valoramos el cuadro completo. En medio de las aflicciones y batallas de esta vida podemos vivir y percibir la vida a la luz de la revelación de Dios y su Palabra inmutable. El Padre Eterno ha sellado el juramento de las promesas bajo su propio nombre, lo selló entregando a su Hijo en favor nuestro. Aunque en la trayectoria haya veredictos y conclusiones devastadoras, aunque haya malas experiencias y noticias, nosotros podemos tomar la decisión de mantenernos firmes en la fe sin claudicar y hacer el decreto:

¡Escrito está! La Palabra de Dios va más allá de la letra o tinta, ella es Espíritu. La Palabra entra al alma y la activa hacia la transformación.

Porque la palabra de Dios es viva y eficaz, y más cortante que toda espada de dos filos; y penetra hasta partir el alma y el espíritu, las coyunturas y los tuétanos, y discierne los pensamientos y las intenciones del corazón. Hebreos 4:12

La Palabra no es estéril, no solo es activa sino también efectiva.

[...] así será mi palabra que sale de mi boca; no volverá a mí vacía, sino que hará lo que yo quiero, y será prosperada en aquello para que la envié. Isaías 55:11

Entrenamiento para el campo de batalla espiritual

Nuestro adversario Satanás no entiende argumentos. Cuando el Señor Jesús tuvo su enfrentamiento en la tentación solo le dijo: *¡Escrito está!* y declaró la Palabra en relevancia. En nuestras luchas la prioridad es abordar la lucha con armas espirituales adecuadas y poderosas en Dios.

Sobre todo, tomad el escudo de la fe, con que podáis apagar todos los dardos de fuego del maligno. Y tomad el yelmo de la salvación, y la espada del Espíritu, que es la palabra de Dios. Efesios 6:16,17

En tu lucha espiritual hay también tácticas bíblicas, conjunto a la indumentaria militante y con armas espirituales apropiadas. Este revestimiento utiliza la fe salvífica; con ella podrás mantenerte firme hasta el final. Oye, para vencer, es primordial e ineludible que desenvaines tu espada aguda de dos filos.

La prueba en Patmos

Conocemos a un hombre que fue perseguido y deportado a una isla pedregosa y volcánica. Aunque hoy en día esa isla es un lugar turístico, en aquella época no lo era. Se nos dice que en una abierta declaración de guerra política y espiritual, a los noventa años lo llevaron preso a hacer trabajo forzado. Este hombre tuvo la certeza y convicción de su fe tan firme y arraigada que no se hizo la víctima, sino que aprovechó su deportación. Allí, en un lugar poco común donde no estaban su familia, hermanos ni amigos más íntimos, en un lugar inhóspito y estando a merced de la crueldad, recibió la incomparable revelación.

> **Revelación** = se corre el velo, llega el descubrimiento de la verdad divina.

> **Patmos** = lugar árido, desértico, pedregoso, lugar del dolor apremiante, misterioso pero profético. Isla ubicada en Grecia cerca de Turquía.

Este varón era nada más y nada menos que el apóstol Juan. Estando en Patmos recibe mediante una serie de visiones, "La revelación de Jesucristo". Vea Apocalipsis 1:1. Allí se corrió el velo, los apóstoles eran hombres comunes, iguales a todos nosotros. Hasta el final de su vida Juan escribió tres epístolas que llevan su nombre. Fue un valiente visionario de fe que dejó huellas imborrables, no solo para la Iglesia del primer siglo sino para todos los que tienen el veredicto de fe en este siglo. El libro de Apocalipsis se abre de una forma simbólica y explícita.

> ## Tu porción
> Tu prueba de Patmos no solo es el lugar de tu intenso dolor, sino que es el lugar donde tienes visiones proféticas que van a fortalecer tu testimonio de fe e incluso donde obtendrás respuestas.

Donde se abre la culminación, no solamente de tu historia sino también la de otros, Patmos culmina con un veredicto de victoria y da la respuesta contundente al anhelo: ¡Que *esto* cambie! En la plenitud de los tiempos, todas las cosas terrenales también serán restauradas. Lo viejo será destruido. ¡Esto cambiará! Las primeras cosas pasarán. La tierra y el cielo serán restaurados: Jesucristo sentado en su trono, nos deja certeza diciéndonos, ¡Hecho está! Vea Apocalipsis 21:5,6.

Certeza

Y el que estaba sentado en el trono dijo: He aquí, yo hago nuevas todas las cosas. Y me dijo: Escribe; porque estas palabras son fieles y verdaderas.
Apocalipsis 21:5

Estando en Patmos en el "peor momento", el apóstol Juan escribe su más excelente obra. Para entonces los apóstoles habían muerto violentamente por causa de su fe. El libro de Apocalipsis es uno de gran esperanza, en realidad el libro parece una gran contradicción pues las plagas, desastres, señales, sucesos de todos los tiempos, especialmente los de la culminación de los tiempos de gran tribulación son enumerados y explicados. La revelación nos descubre al dragón. La bestia nos descubre al falso profeta y al diablo, el ángel caído, como la principal entidad invisible que agrupa todas las fuerzas hostiles en contra de la humanidad en una batalla campal entre el bien y el mal. Un salvajismo que demanda la sangre de los creyentes, un período de temprana persecución, pues los primeros cristianos lo experimentaron. También un final escatológico, destructivo para los enemigos e incrédulos de la época. Porque lleno de ira Satanás recorre toda la tierra, se oye el grito: El diablo ha salido con gran ira. ¡Que *esto* cambie!

Ya la respuesta fue decretada: *He aquí yo hago todas las cosas nuevas.*

El invencible poder de la sangre de Jesucristo:

Y ellos le han vencido por medio de la sangre del Cordero y de la palabra del testimonio de ellos,

y menospreciaron sus vidas hasta la muerte.
Apocalipsis 12:11

Tú también mantente totalmente confiado en medio del conflicto espiritual. Satanás, con sus huestes angelicales de maldad, no prevalecerá. Está desarmado y vencido, pero seguirá haciéndote la guerra. Hay huestes, ejércitos angelicales a tu favor, tienes defensa, protección y cuidados.

El justo Juez y su ira

¿Qué ocurrirá en los últimos días? Veamos la victoria y el desenlace.

Y el diablo que los engañaba fue lanzado en el lago de fuego y azufre, donde estaban la bestia y el falso profeta; y serán atormentados día y noche por los siglos de los siglos. Y vi un gran trono blanco y al que estaba sentado en él, de delante del cual huyeron la tierra y el cielo, y ningún lugar se encontró para ellos. Y vi a los muertos, grandes y pequeños, de pie ante Dios; y los libros fueron abiertos, y otro libro fue abierto, el cual es el libro de la vida; y fueron juzgados los muertos por las cosas que estaban escritas en los libros, según sus obras. Y el mar entregó los muertos que había en él; y la muerte y el Hades entregaron los muertos que había en ellos; y fueron juzgados cada uno según sus obras. Y la muerte y el Hades fueron lanzados al lago de fuego. Ésta es la muerte segunda. Y el que no se halló inscrito en el libro de la vida fue lanzado al lago de fuego. Apocalipsis 20:10-15

En las terribles batallas espirituales nuestra victoria también está garantizada de antemano, porque Jesús aplastó y machacó la cabeza de la serpiente debajo de sus pies. Dios es tu victorioso destino.

El veredicto de Dios

Bienaventurado el que lee, y los que oyen las palabras de esta profecía, y guardan las cosas en ella escritas; porque el tiempo está cerca. Apocalipsis 1:3

No es que tú tengas herramientas para la victoria, ¡tú tienes al Cordero, al unigénito Hijo de Dios, el victorioso Salvador! Cuando Jesucristo el Salvador se revela es necesaria una retrospección.

- Mirar hacia adentro. Mirarme a mí mismo. Que el poder de Dios corra mi velo con el propósito de que el Espíritu Santo escudriñe mi compromiso de fe, revele e imparta mi felicidad y gozo.
- Mirar hacia afuera desde una perspectiva de fe. Mirar a Jesús el autor y consumador de la fe.
- Mirar a los apóstoles y su veredicto de fe. Ellos no consideraron sus vidas como preciosas, sino que las ofrecieron incondicionalmente por la causa. Sus corazones estaban en alineamiento con la voluntad de Dios, ellos también anhelaban diciendo: ¡Que *esto* cambie!

¿Será mucho pedir de Dios que te desprendas de ti mismo y de lo terrenal y te aferres a Él como tu única esperanza eterna? Conectándote a su poder te conectas o injertas a su propósito.

El arte es la habilidad creativa en la producción de algo. Formar o desarrollar una obra de arte conlleva la concepción de esta, conlleva una visión anticipada, conlleva creatividad para lo que se desea hacer en su función y el propósito. La palabra propósito es una palabra compuesta.

> **Pro** = antes.
> **Thesis** = lugar en adelante.

Es curioso el hecho de que nos hemos acostumbrado a utilizar herramientas, instrumentos y hasta gente fuera del propósito original por lo cual fueron creados y como nos sale bastante bien lo vemos "normal", como por ejemplo: Yo he utilizado la plancha y la tabla de planchar para otros propósitos, con la plancha nos planchamos el pelo y en la tabla de planchartendemos ropa.

Dios cumplirá su propósito original en ti

Tú eres el *Magnum Opus* de Dios, tu Creador. Entre otras obras producidas del Artista, Arquitecto o Creador, tú eres la obra considerada de mayor valor. Eres la obra magistral de Dios. Cuando un artista diseña su obra él quiere que esta lleve su mensaje original. La obra no cambia el mensaje, no tiene ni voz ni voto. La responsabilidad de la obra es cumplir su propósito conforme a su función e identidad. Dios es el intérprete de tu vida de la misma forma que hay instrumentos musicales, unos de percusión, otros de cuerda y otros de viento, pero el intérprete es el que ejecutará y hará vivir al instrumento. Jesús nos ha escogido para un tiempo como este, y hay que estar determinados a hacer su buena voluntad en el contexto de su diseño. Está prohibido reinventarlo.

Todos los seres vivientes son hijos de Dios por creación. En el mundo espiritual hay dos reinos, el reino celestial y el reino de las tinieblas. En el mundo natural uno tiene la ciudadanía de donde uno nace, si naces en los Estados Unidos de América eres ciudadano americano, si naces en Europa eres ciudadano europeo y así sucesivamente en cada distintivo continente. En el mundo espiritual es también de esa misma forma. Cuando naces, naces bajo la sangre de Adán y Eva, ellos nos transfundieron su sangre y espiritualmente nos enemistaron con Dios. Eso significa que naces bajo una raza espiritualmente contaminada por el pecado de ellos.

Toda la humanidad nace bajo una herencia y jurisdicción del ADN de Adán y Eva. Toda la humanidad pertenece a Dios como hijos de la creación, pero no todos son hijos de relación o adopción espiritual.

Nuestros primeros padres nos transmitieron la genética espiritual pecaminosa; por ende, el pecado viene a ser parte de nuestra naturaleza. Nacemos en bancarrota espiritual. El pecado es la fuerza que produce los pecados, ellos son los distintos frutos producidos por ese ADN. Es vital entender que espiritualmente hay que salir de esa jurisdicción, siendo una jurisdicción espiritual es un reino de tinieblas gobernado por los sentidos. Dios tiene unos cargos en contra de toda la humanidad.

Como está escrito: *No hay justo ni aun uno*. Romanos 3:10.

Aunque haya cargos o sentencia espiritual hay solución, Dios tiene una única transacción favorablemente eterna para la humanidad. Como nacemos con un defecto espiritual nadie en la raza humana está exento de la naturaleza dual del bien y el mal con la cual se nace. Ante Dios nadie es inocente. Los frutos de nuestra naturaleza son evidentes, estos son el resultado de un problema que sale del espíritu del hombre. Estamos viviendo en una sociedad postmoderna, lujuriosa, donde al libertinaje se le llama libertad, una sociedad desenfrenada donde todo es permisible, donde el hombre ha decidido vivir sin la ley de Dios su Creador. Una sociedad que ha sustituido a Dios y que está centrada en el yo, en la perversión sexual y el sensualismo desmedido, en el amor al dinero y el crimen, donde la inmundicia y la indecencia son un chiste, donde la suciedad de palabras y pensamientos es la nueva norma para todos indiscriminadamente.

Hay gente que está gritando: ¡Que *esto* cambie!

El mundo seguirá su curso, pero yo puedo hacer la diferencia, yo puedo cambiar. Todo comienza conmigo espiritualmente, yo puedo nacer de nuevo. No podemos ocultarle a Dios nuestros pecados, pero sí podemos arrepentirnos.

Por tanto, así dijo Jehová: Si te convirtieres, yo te restauraré, y delante de mí estarás; y si entresacares lo precioso de lo vil, serás como mi boca. Conviértanse ellos a ti, y tú no te conviertas a ellos. Jeremías 15:19

Aunque te hayan victimizado cumple tu deber, nadie te podrá vencer. Como en toda siembra, siempre que quieras plantar y dar frutos, debes preparar el terreno para hacerlo; es necesario entresacar y eliminar las malas hierbas. Eso es indispensable, tener un buen terreno y estructura es preciso. De esa misma forma es el crecimiento espiritual y el nuevo nacimiento. Nacer del Espíritu te pone en un nuevo terreno, posicionándote en la jurisdicción de los hijos de Dios por relación sanguínea con Jesucristo. No solo es un nuevo terreno espiritual, sino también habrá un vínculo por una transfusión santa, sanguíneamente espiritual, así pertenecerás a una nueva familia espiritual, al Reino y gobierno del Altísimo. Para pertenecer al Reino de Dios el creer en el Creador del universo y la fe salvífica de Jesucristo tienen que estar presentes.

El libertador

Adán, el primer hombre, traicionó, fue infiel y nos enemistó. Jesús, el último, el segundo Adán, nos reconcilió con su muerte, lo que podemos ver en Romanos 5:15-21.

El don de Dios:

> *[...] siendo justificados gratuitamente por su gracia, mediante la redención que es en Cristo Jesús, a quien Dios puso como propiciación por medio de la fe en su sangre...* Romanos 3:24,25

La justicia de Dios demanda castigo por el pecado. Dios mismo proporcionó el medio para satisfacer las demandas de su ira por el pecado.

Propiciación = aplacar la ira de Dios por la muerte expiatoria (pago de muerte) en sacrificio voluntario, Cristo es nuestra propiciación por la fe en su sangre.

Redención = liberación por pago de un rescate.

El fundamento de la fe es Jesucristo el Salvador

> *Pero sin fe es imposible agradar a Dios; porque es necesario que el que se acerca a Dios crea que le hay.* Hebreos 11:6

La fe se entrega y ve a Dios como Soberano, único y absoluto. La fe cree que Dios es. La fe pide perdón y perdona. La fe consagra el alma. La fe obedece, ama y sirve. La fe regenera el corazón. La fe permite un nuevo corazón y hace pacto con Dios.

Nuevo pacto

> **Pacto** = alianza.

Solo el Creador del corazón te dará un nuevo corazón. No hay otro cardiólogo especialista, ¡ni sustitutos! No existen. La promesa por la fe: no podemos hablar de pacto y de fe sin hablar del patriarca Abraham. Dios llama a este patriarca y le da una promesa inmutable de bendición.

> *[...] te bendeciré... Y serán benditas en ti todas las familias de la tierra.* Génesis 12:1-3
>
> *Sabed, por tanto, que los que son de fe, éstos son hijos de Abraham. Y la Escritura, previendo que Dios había de justificar por la fe a los gentiles, dio de antemano la buena nueva a Abraham, diciendo: En ti serán benditas todas las naciones. De modo que los de la fe son bendecidos con el creyente Abraham.* Gálatas 3:7-9

La promesa se cumple en Cristo: y a su simiente, la cual es Cristo. Gálatas 3:15

Un cambio y una nueva vida no pueden acontecer con un viejo corazón. Un fin de semana vi a mi vecina muy afanada limpiando; me le acerqué y me dijo: *"Chica, tengo deseos de redecorar, refrescar el ambiente con algo nuevo y bonito". Yo le dije: "¡Pues vámonos de compras!".* Salimos y, para mi desconcierto, me llevó de compras a un Flea Market, el Mercado de Pulgas. Allí compró cosas usadas y viejas. De esa misma forma, Dios no quiere que te conformes con un viejo corazón ni con una vieja y condenatoria jurisdicción espiritual. Dios no anda tras tu modificación; Él anhela que *esto* cambie. Dios te tocará para que seas santificado. Él *pone en ti tanto el querer como el hacer, por su buena* voluntad. Pero a ti te corresponde decidir pertenecer a su Reino y aplicarlo, viviendo como ciudadano del cielo. Jesucristo es el médico de tu alma, Él limpiará y descargará tu corazón, no necesitas otro intermediario. Por causa de la enfermedad del corazón espiritual del hombre todos morimos. Hay salario para el pecado:

Porque la paga del pecado es muerte, mas la dádiva de Dios es vida eterna en Cristo Jesús Señor nuestro. Romanos 6:23
Por tanto, como el pecado entró en el mundo por un hombre, y por el pecado la muerte, así la muerte pasó a todos los hombres, por cuanto todos pecaron. Pues antes de la ley, había pecado en el mundo; pero donde no hay ley, no se inculpa de pecado. No obstante, reinó la muerte desde Adán hasta Moisés, aun en los que no pecaron a la manera de la

transgresión de Adán, el cual es figura del que había de venir. Pero el don no fue como la transgresión; porque si por la transgresión de aquel uno murieron los muchos, abundaron mucho más para los muchos la gracia y el don de Dios por la gracia de un hombre, Jesucristo. Romanos 5:12-16

> **TU PORCIÓN**
> ¿A dónde irás después de morir?, ¿a la tumba? A la tumba va tu estuche o cuerpo físico.
>
> ¿A dónde irá tu espíritu eternamente?, ¿sabías que hay un destino? Esta decisión se hace en vida. ¿Sabías que la muerte no es tu extinción? Es tu mudanza a la presencia eterna. Dios tiene tu solución eterna y te ofrece la paz y sanidad de tu alma eternamente.

Jesucristo es la única solución a tu condición caída:

Jesús dijo: Yo soy el camino, la verdad y la vida. Nadie viene la Padre sino por mí. Juan 14:6

¿Hasta dónde estás dispuesto a seguir a Jesús? Él dijo: "¡Sígueme! Yo soy el camino..." Juan 14:6

No es que Él conozca el camino; Él es el único camino. Él descendió, se hizo humano:

[...] para destruir por medio de la muerte al que tenía el imperio de la muerte. Hebreos 2:14

¿Por qué Jesucristo y no otro dios?
Porque hay un solo Dios, y un solo mediador entre

Dios y los hombres, Jesucristo hombre, el cual se dio a sí mismo en rescate por todos, de lo cual se dio testimonio a su debido tiempo. 1 Timoteo 2:5,6
Y en ningún otro hay salvación; porque no hay otro nombre bajo el cielo, dado a los hombres en que podamos ser salvos. Hechos 4:12

> **Jesús** = nombre del griego = Joshua.
> **Josué** = salvación de Jehová = salvación. Números 13:16.
> **Yeshua** (hebreo) = salvación.
> **Cristo** = Mesías o Ungido. Isaías 61:1.
> **Emanuel** = Dios con nosotros. Mateo 1:23.
> **Mesías** = Él es la respuesta del cielo. Mateo 1:16. Lucas 7:19.

En nuestra terquedad espiritual buscamos distintos medios y personas más allá de los términos que Dios ha establecido. Dios se encarnó en la persona de Jesucristo, vino como mediador. Dios se vistió en forma de humillación, se "auto-despojó". Jesús se anuló. Su forma fue de 100% Dios y 100% hombre, Jesús-Cristo. Jesús se despojó, K*enosis;* se vació de su grandeza, gloria y majestad. El Verbo en la grandeza de su rebajamiento descendió a la tierra.

[...] tomando forma de siervo... no estimó el ser igual a Dios como cosa a que aferrase. Filipenses 2:9-11

Propósito:

Porque he descendido del cielo, no para hacer mi voluntad, sino la voluntad del que me envió. Juan 6:38

Preexistencia:

> *Yo soy Alpha y la Omega, principio*
> *y fin...* Apocalipsis 1:8
> *Nadie subió al cielo, sino el que descendió del cielo;*
> *el Hijo del Hombre, que está en el cielo.* Juan 3:13

A Dios nadie lo puede matar. En el cumplimiento de la misión salvífica de la humanidad el que nació en el vientre de la virgen fue la parte humana, Jesús.

Jesucristo es el Cordero de Dios, Él fue anunciado por el apóstol Juan:

> *He aquí el Cordero de Dios, que quita el pecado del*
> *mundo.* Juan 1:29

Jesucristo dijo: "*Yo soy.*" Con sus obras estableció su autoridad celestial de Mesías. Demostró su autoridad para perdonar pecados. Los religiosos de esa época estaban muy escépticos y pensaban que Jesús blasfemaba al compararse con Dios.

> *Y conociendo Jesús los pensamientos de ellos, dijo:*
> *¿Por qué pensáis mal en vuestros corazones?*
> *Porque, ¿qué es más fácil, decir: Los pecados te son*
> *perdonados?* Mateo 9:4,5
> *En el principio era el Verbo, y el Verbo era con*
> *Dios, y el Verbo era Dios.* Juan 1:1

Jesús es Dios; nótese que no se usa el artículo definido "el", porque no es un dios, sino Dios. Jesús es el Verbo, la acción de la Palabra. Mediante la Palabra de Dios surgió toda la creación. Él dijo: "*Sea hecho, que exista.*" Refiérase a Génesis 1. Tú tienes el libreto, Él nos dejó el manifiesto, la

Biblia no es un libro ordinario. Es de conocimiento general que la Biblia es de inspiración divina y no humana. El Espíritu Santo es el Autor; la Biblia es una fuente confiable. Su contenido está saturado de evidencia. A diferencia de otros libros "espirituales", la Biblia contiene evidencia histórica, evidencia geográfica, evidencia arqueológica, evidencia ecológica, evidencia astronómica, evidencia geológica, evidencia científica, evidencia de fe. Los autores no escribieron de su propia o personal inspiración, sino como "secretarios" escribieron lo que Dios por su Espíritu Santo les sopló. Definitivamente, hay un gran abismo y una diferencia entre Dios y los falsos dioses que han sido creados.

Porque todos los dioses de los pueblos son ídolos; pero Jehová hizo los cielos. Salmos 96:5

La causa del abandono de Jesucristo en la cruz del Calvario fue nuestra naturaleza pecaminosa. Jesús estaba cumpliendo voluntariamente su misión eterna, sobre Él estaba el juicio por el pecado de toda la humanidad. La muerte capital se consumía en el madero.

Cristo nos redimió de la maldición de la ley, haciéndose por nosotros maldición (porque está escrito: Maldito todo el que es colgado en un madero), para que en Cristo Jesús la bendición de Abraham alcanzase a los gentiles, a fin de que por la fe recibiésemos la promesa del Espíritu. Gálatas 3:13,14

Cree:

> *Porque de tal manera amó Dios al mundo, que ha dado a su Hijo unigénito, para que todo aquel que en él cree, no se pierda, mas tenga vida eterna.* Juan 3:16

El pecado nos adeudó con Dios. Dios es Juez justo, pero el amor incondicional de Jesús nos absolvió. La ley de Dios, su justicia demanda muerte por el pecado, pero Él no quiere la muerte para el pecador. Dios resolvió nuestro problema eterno con el plan salvífico de amor ilimitado e incondicional con un sacrificio final. Pregunta Dios:

> *¿Quiero yo la muerte del impío?* Ezequiel 18:23

La sustitución

Jesucristo nos sustituyó y en el intercambio recibió la maldición y muerte de cruz que nos correspondía por la impiedad. En la cruz estaba la Deidad, sin embargo, los hombres, veían a un hombre. Todo parecía ser la derrota final, parecía ser la derrota de Cristo, pero fue la derrota de Satanás y sus potestades.

> *Despreciado y desechado entre los hombres, varón de dolores, experimentado en quebranto; y como que escondimos de él el rostro, fue menospreciado, y no lo estimamos.* Isaías 53:3

De sus heridas viene tu liberación; de sus heridas salen las respuestas y la absolución en tu vida:

> *[...] siendo justificado gratuitamente por su gracia, mediante la redención que es en Cristo Jesús.* Romanos 3:24

De sus heridas sale la sanidad para tu vida:

Ciertamente llevó él nuestras enfermedades y sufrió nuestros dolores; y nosotros le tuvimos por azotado, por herido de Dios y abatido. Mas él herido fue por nuestras rebeliones, molido por nuestros pecados; el castigo de nuestra paz fue sobre él, y por su llaga fuimos nosotros curados Isaías 53:4,5

Jesús venció nuestras enfermedades y nos dio liberación.

Liberación = Anulando el acta de los decretos contrarios.
Anular = Abolir, obliteración

[...] anulando el acta de los decretos que había contra nosotros, que nos era contraria, quitándola de en medio y clavándola en la cruz. Colosenses 2:14

El protoevangelio

Jesucristo es el Eterno. *Él es el mismo ayer, hoy y por los siglos.* Hebreos 13:8. Él es aquella Palabra de Génesis; también es la acción en Génesis. Dios anuncia la enemistad y el evangelio a través de la simiente:

Y pondré enemistad entre ti y la mujer, y entre tu simiente y la simiente suya; ésta te herirá en la cabeza, y tú le herirás en el calcañar. Génesis 3:15

Bíblicamente la cabeza representa poder y autoridad. La serpiente es símbolo de Satanás el adversario, enemistad y derrota. Dicen los expertos que para vencer una serpiente primero hay que pisarle la cabeza o agarrarla por la cabeza, ellas se protegen escondiendo su cabeza. Entre otras cosas, las serpientes se comen a sus descendientes. Ellas también tienen la capacidad de estirarse y su veneno llega a distancia teniendo el poder de cegar. Por debajo de su cuerpo están llenas de escamas y para llegar a su destino se desplazan sigilosamente. Su característica sensorial le permite un oído interno capaz de detectar movimiento y posiciones. Desde el principio Dios maldijo la serpiente. La lengua de la serpiente puede colgar, como ya sabemos se extiende, es lengüilarga y potencialmente venenosa. Jesús venció a la serpiente y le pisó la cabeza para siempre. Aunque la muerte de la humanidad continúa presente Jesús venció al causante de la muerte. Dios Padre sujetó todas las cosas bajo los pies de Jesucristo. ¡Nada que temer, ni siquiera a la muerte!, ¡la muerte, morirá!

> *¿Dónde está, oh muerte, tu aguijón? ¿Dónde, oh sepulcro, tu victoria? ya que el aguijón de la muerte es el pecado, y el poder del pecado, la ley. Mas gracias sean dadas a Dios, que nos da la victoria por medio de nuestro Señor Jesucristo.* 1 Corintios 15:55-57

El gobernador de los reinos de este mundo ha sido derrotado avasalladoramente. Registra la historia que los emperadores romanos se ponían sobre sus cabezas una corona de laurel desplegando el símbolo de autoridad y victoria en la guerra. Después se llevaba a cabo una procesión y ceremonia religiosa donde se le ofrecía a su dios los laureles. Todo era un gran espectáculo. Los reyes, reinos y autoridades de este mundo sujetos a sus coronas, que se decoloran, se consideran en estima superior y más alta que el dueño de este mundo. Ellos perciben sus rangos y funciones grandiosas, hasta el punto de que se reúnen a confabular en contra de las leyes de Dios.

En una mofa salvaje y pública, y en medio del acoso, a Cristo lo coronaron con un aguijón, una corona hecha de espinas; parecía su derrota. Lo que le pareció a Satanás una victoria era solo una ganancia superficial, vacía de fundamento, necesaria y temporal. Ante la vista humana la batalla había terminado. Ante el plan eterno la guerra se acabó, y Cristo ¡ganó! Dejó escrito: *"Vengo en breve".* ¡Qué victoria!

> ### Tu porción
> En tus batallas tienes la autoridad de la fe. Donde entra el Espíritu Santo se acaba el caos.
>
> Ganar una batalla es una cosa y ganar la guerra es otra cosa. Tu lucha es una espiritual, la guerra no es con la gente, es con los espíritus que se manifiestan en la gente. Edifícate en Cristo. Ponte, vístete con toda la armadura de Dios para que después de la guerra termines firme.

Hay una armadura y cualidades indispensables para ganar, estas son la verdad, la justicia, la paz, la fe, la salvación y la Palabra. Refiérase a Efesios 6:10-18.

Jesucristo es la cabeza de la Iglesia:

> *[...] Y sobre esta roca edificaré mi iglesia; y las puertas del Hades no prevalecerán contra ella.*
> Mateo 16:18

Jesucristo descendió:

Jesús expiró en la cruz del Calvario, en un despliegue de victoria descendió tres días y tres noches al corazón de la tierra.

[...] para destruir por medio de la muerte al que tenía el imperio de la muerte, esto es, al diablo. Hebreos 2:14

El fin de la guerra:

[...] en el corazón de la tierra tres días y tres noches. Mateo 12:40
El que descendió, es el mismo que también subió por encima de todos los cielos para llenarlo todo. Efesios 4:10

Exhibiendo la victoria:

[...] y despojando a los principados y a las potestades, los exhibió públicamente, triunfando sobre ellos en la cruz. Colosenses 2:15

La resurrección es una procesión triunfante:

[...] Que Cristo murió por nuestros pecados, conforme a las Escrituras; y que fue sepultado, y que resucitó al tercer día, conforme a las Escrituras; y que apareció a Cefas, y después a los doce. 1 Corintios 15:4,5

Jesús predijo su muerte:

[...] era necesario ir a Jerusalén y padecer mucho de los ancianos, de los principales sacerdotes y de los escribas; y ser muerto, y resucitar al tercer día. Mateo 16:21

Jesucristo ascendió:

Los regalos ministeriales son dados a la iglesia. Dio los dones para consolación, exhortación y edificación.

Subiendo a lo alto, llevó cautiva la cautividad, y dio dones a los hombres. Efesios 4:8

En el pacto de la superabundante gracia y la obra expiatoria de Cristo, tenemos un mejor pacto: una mejor ofrenda, sacrificio, sumo sacerdote, nombre, promesas y beneficios.

¡Jesucristo se levantó!

[...] tenemos tal sumo sacerdote, el cual se sentó a la diestra del trono de la Majestad en los cielos, ministro del santuario, y de aquel verdadero tabernáculo que levantó el Señor, y no el hombre. Hebreos 8:1,2

Nosotros los de la fe en Jesucristo hemos sido bendecidos y justificados por la fe. Somos aceptados y amados por Dios, no por causa de nuestros propios méritos. No tenemos que ganar la salvación, pues no tenemos que ofrecerle nada a Dios, somos aceptados, amados y salvados por los méritos de Jesucristo.

Dios hizo un pacto con Abraham. Este hombre en sus diferentes procesos fue grandemente probado, pasó su gran examen con honores. Como resultado nosotros hemos sido bendecidos.

Ahora bien, a Abraham fueron hechas las promesas, y a su simiente. No dice: Y a las simientes, como si hablase de muchos, sino como de uno: Y a tu simiente, la cual es Cristo. Gálatas 3:16

> *[...] porque todas las promesas de Dios son en él Sí, y en él Amén, por medio de nosotros, para la gloria de Dios.* 2 Corintios 1:20

Jesucristo es la simiente, consumación y sustancia, como vemos también en Gálatas 3:16-18.

La justicia de Dios es por la fe:

> *Sabed, por tanto, que los que son de fe estos son hijos de Abraham.* Gálatas 3:7

Una descendencia numerosa y poderosa:

> *...y tu descendencia poseerá las puertas de sus enemigos.* Génesis 22:17

Abraham experimentó grandes crisis en su vida y una prueba suprema. Se entregó sin condiciones, pero finalizó como modelo perfecto, héroe ejemplar de la fe. Abraham obedeció, creyó a Dios y le fue contado por justicia. Subiendo al sacrificio creyó que Jehová proveería y en el acto mismo Dios le proveyó a Abraham el sustituto.

Nuestra fe

Es importante que Cristo sea formado en nosotros. Él es el sacrificio, nuestro sustituto reconciliador, somos salvos de la condenación y transformados por su Espíritu. En la fe de Cristo somos "más que vencedores". Refiérase a Romanos 8:28-39. Quienquiera que represente las puertas adversarias, podremos vencerlas. "Ser más que vencedor" es una frase muy interesante y conocida.

> **Jupernikao** = *Juper*, por encima; *nikao*, conquistar.

Según Dios, no eres solamente victorioso, sino más que victorioso en Cristo. Es cuando se gana una victoria poco común y decisiva. Es ser expulsado o lanzado más allá de la victoria. ¿Cómo es posible que alguien se esté ahogando en medio del mar, se le tire un salvavidas y decida que no cree que pueda ganar esa batalla entre la vida y la muerte y ser sacado del mar por ese medio diciendo que no, prefiriendo quedarse en el agua hasta sucumbir? Pudiendo haber sido en Cristo más que victorioso y se justifican diciendo que no están preparados o que lo tienen que pensar, pero Jesucristo salva vidas.

[...] y no queréis venir a mí, para que tengáis vida.
Juan 5:40

Satanás es como un *ladrón que mata, hurta y destruye.* Ver Juan 10:10. Mantén tu vista fija y sin distracciones.

[...] en los cuales el dios de este siglo cegó el entendimiento de los incrédulos, para que no les resplandezca la luz del evangelio de la gloria de Cristo, el cual es la imagen de Dios. 2 Corintios 4:4

Nosotros, los gentiles, como no éramos ciudadanos de Israel, no teníamos la limpieza de la circuncisión que demandaba la ceremonia externa de la señal del pacto con Dios. Pero ahora estando presente Cristo los que creemos tenemos sus leyes tatuadas en nuestros corazones. Los que éramos llamados incircuncisos, alejados de la ciudadanía ahora tenemos la circuncisión en nuestros corazones.

Unidos a Cristo no estamos ajenos al pacto y las promesas. Por la muerte, ascensión y resurrección de Jesucristo hemos sido injertados. Estamos incluidos como herederos, judíos y gentiles en un solo "árbol". Jesucristo es el "soporte del medio", la piedra principal o angular de nuestra salvación y herencia. Hemos sido adoptados como hijos en la familia de Dios. Él es la esencia de nuestra paz con Dios.

La culpa no se hace esperar

Un problema esencial del hombre es el sentimiento de culpa. Nosotros los seres humanos tenemos dilemas y en todos nuestros dilemas Dios tiene la solución.

Dios nos habla por distintos y creativos medios y nos habla más allá del mero propósito de informarnos. Dios siempre tiene en mente revelarse a nosotros, regalarnos su presencia y transformarnos. Los dilemas principales del hombre son el pecado y la culpa. El ser humano intenta arreglar sus dilemas espirituales sin éxito. A través de su propia experiencia el apóstol Pablo identifica la solución, nos dice que la solución es el perdón. El pecado es como uno de los grandes imperios del mundo, el pecado penetra, manda e impone su poder.

> *Porque lo que hago, no lo entiendo; pues no hago lo que quiero, sino lo que aborrezco, eso hago. Y si lo que no quiero, esto hago, apruebo que la ley es buena. De manera que ya no soy yo quien hace aquello, sino el pecado que mora en mí. Y yo sé que en mí, esto es, en mi carne, no mora el bien; porque el querer el bien está en mí, pero no el hacerlo. Porque no hago el bien que quiero, sino el mal que no quiero, eso hago. Y si hago lo que no quiero, ya*

no lo hago yo, sino el pecado que mora en mí. Así que, queriendo yo hacer el bien, hallo esta ley: que el mal está en mí. Porque según el hombre interior, me deleito en la ley de Dios; pero veo otra ley en mis miembros, que se rebela contra la ley de mi mente, y que me lleva cautivo a la ley del pecado que está en mis miembros. ¡Miserable de mí! ¿quién me librará de este cuerpo de muerte? Gracias doy a Dios, por Jesucristo Señor nuestro. Así que, yo mismo con la mente sirvo a la ley de Dios, mas con la carne a la ley del pecado. Romanos 7:15-25

Muy elocuentemente identifica el apóstol la raíz de nuestra lucha y nuestra culpa. Revela que de alguna manera u otra nos sentimos atrapados bajo un gobierno hostil, cuyo emperador es el diablo, confundidos dentro de una lucha interna rampante entre el "bien que quiero hacer y el mal que no quiero hacer". Identifica nuestra enfermedad, pero también nos da la cura. Como los seres humanos procesamos diferente el sentimiento de culpabilidad, puede ser que para algunas personas signifique algo distinto. Si hablas con un psicólogo él te tratará la "psiquis", la consciencia o el inconsciente. Posiblemente piense que tienes problemas emocionales. Si tratas con los juristas ellos formarán su opinión y evaluación desde la perspectiva de las leyes y la entrelazarán con tu posible vinculación a la culpabilidad o inocencia.

Culpa = del griego *krisis*, condenación, juicio.

El hombre, ante la ley de los hombres, está bajo juicio, y ante la ley de Dios también lo estará; así que está en aprietos. La culpa es la fuerza de una emoción alimentada por el recuerdo, ella lleva en nuestro interior la imagen de una acción o algo que omitimos, que debimos hacer y no hicimos, martillándonos y haciéndonos muchas veces daño. La culpa te roba tu paz. El pasado de la culpa te roba la libertad de tu presente. El sentido de culpa es un instrumento poderoso de Satanás y sus demonios. Ella tiene sus efectos dañinos generando angustia, incertidumbre, miedo, fracaso y baja autoestima. La persona se siente avergonzada pensando que ya Dios lo abandonó, creando todo esto un gran disgusto por la vida. Dándose por vencidos lamentablemente muchos llegan a la autodestrucción. Hoy tú puedes milagrosamente ser liberado y dar por terminada tu condición de culpabilidad y condenación.

Tu porción
Sal de la jungla de la culpabilidad. No te culpes por lo que ya Dios te perdonó. ¡Anulado está! Borrado por completo. ¡Victoria!

Atletas de todo el mundo compran la marca *Nike*; esta lleva un mensaje.

Ante los ásperos senderos de la vida, escrito está: eres *hupernikao*, más que victorioso.

Nike = victoria.

El arma letal de Satanás es sorprenderte para derrotarte y avergonzarte. A una mujer la sorprendieron en el acto de adulterio. Para adulterar se necesitan dos, sin embargo, los escribas y fariseos la trajeron a ella sola ante Jesús. Estos religiosos tenían distintas motivaciones, también deseaban entrampar a Jesús. Después de una gran vergüenza pública e intercambio de palabras:

> *[...] Mujer, ¿dónde están los que te acusaban? ¿Ninguno te condenó? Ella dijo: Ninguno, Señor. Entonces Jesús le dijo: Ni yo te condeno; vete, y no peques más. Otra vez Jesús les habló, diciendo: Yo soy la luz del mundo; el que me sigue, no andará en tinieblas, sino que tendrá la luz de la vida.* Juan 8:10-12

Como los entenebrecidos protagonistas de este relato bíblico, hay gente que se complace en ser justicieros, llevando a otros a un estado de humillación, vergüenza, vejación e incertidumbre. La densidad de la incertidumbre es una tiniebla terrible. Las tinieblas en relación con la obscuridad espiritual del mundo se mencionan más o menos 115 veces en la Biblia.

Estando Jesucristo presente, uno no tiene que quedarse cautivo en la oscuridad de la culpabilidad, ni en la incredulidad, ni en la condenación, ni vergüenza del pecado como destino y consecuencia. En la culpabilidad Dios te ofrece su paz. Hace dos mil años, Dios trajo el remedio. Cristo es tu amnistía.

Hay que rendirse a Cristo

El teniente Hiro Onoda fue un soldado japonés de infantería. En su formación militar, recibió el mandato de no rendirse en ninguna circunstancia. En medio de la Segunda Guerra Mundial su vida pudo haber dado un giro con un destino final. Su pelotón estaba internado en la selva ignorantes que la guerra se acabó. Una misiva anunciaba que la guerra terminó, Japón se había rendido. Meses después hasta el general del ejército dio la orden de rendición por aire y por tierra, pero aun así él y su pelotón decidieron no creer, pensaron que era una estrategia de inteligencia militar. Con el transcurso del tiempo Onoda ya no tenía sus compañeros vivos. Ahora solo con sus dogmas seguía esperando la orden de su superior, quien había enviado la noticia un sinnúmero de veces. Onoda en su larga pesadilla, sobrevivió 29 años escondido en la jungla de la guerra de su mente y creencias. Un hombre valiente que nunca perdió la esperanza, pero perdió la libertad. *Teniente Onoda, la guerra se acabó.* ¡Hay amnistía, hay amnistía!

> **Amnistía** = olvido legal, es un tratado de paz para prisioneros, se extingue la condena y la persona pasa de culpable a inocente. El culpable no tiene que cumplir la pena.

Lamentablemente, los que vivían en la jungla no lo creyeron, sus mentes aún continuaban cautivas. Dicen que todavía mantenían sus trincheras y armamentos dispuestos a continuar peleando en una guerra que se había terminado. De esta misma forma, hay amnistía, bajo el Señor Jesucristo, el Príncipe de paz, hay un tratado de paz. Ya llegó la amnistía espiritual y eterna; hay que salir de la jungla. Si quieres salir de tus pecados necesitas al Salvador, si buscas la paz, busca a Jesucristo, Él tiene el evangelio de la paz. Si quieres paz, primero necesitas paz con Dios, cuando tienes paz con Dios tendrás la paz de Dios por medio del Príncipe de paz.

Yo vengo a decirte, proféticamente, que ya Dios resolvió tu problema y que Él no es culpable de que tú te sientas culpable. Asume tu responsabilidad de recibir plenamente su perdón. Él pone las reglas o términos del perdón, a ti te corresponde obedecerle sin reparos y recibir su paz.

> *[...] y calzados los pies con el apresto del evangelio de la paz.* Efesios 6:15

Los zapatos nos aseguran que nos podemos movilizar y caminar con seguridad y confianza a pesar del terreno donde estemos.

Los que anuncian el evangelio:

> *¡Cuán hermosos son sobre los montes los pies del que trae alegres nuevas, del que anuncia la paz, del que trae nuevas del bien, del que publica salvación, del que dice a Sion: Tu Dios reina!* Isaías 52:7

Sal de la jungla, la guerra se acabó, sal volando con tus exuberantes nuevos colores. ¡Amnistía!, ¡paz! La justicia de Dios exige que el hombre sea castigado por su maldad, pero las nuevas buenas del evangelio dicen que ya Dios te enjuició en Cristo y te perdonó. En muchas religiones del mundo los hombres mueren por su dios, pero en la cristiandad el Dios encarnado "muere" por el hombre. El cristiano tiene certeza, sabe que sus pecados han sido perdonados y echados en lo profundo de la mar. ¡Amnistía!, ¡paz! Es absurdo vivir sin aceptar el perdón de Dios. Es mucho más sabio y gratificante ser crédulo que incrédulo, pues si esto no fuera verdad como quiera ganas. Sal del estado de condenación y permite que la gracia haga su trabajo, entra, ven y recibe la misericordia del Señor Jesucristo. Que ruede tu piedra, el velo de tu vergüenza.

> *[...] mas cuando el pecado abundó, sobreabundó la gracia.* Romanos 5:20
> *El que creyere y fuere bautizado, será salvo, mas el que no creyere, será condenado.* Marcos 16:16

Conéctate y sincronízate con el Supremo

En esta era tecnológica observamos en gran medida que la población tiene algún tipo de conexión. Tienen un enlace a una red telefónica o inalámbrica. De esta forma, tienen una unión que les permite la comunicación instantánea. Dentro del mundo audiovisual y de multimedia, para poder recibir y capturar la imagen y el audio al mismo tiempo o simultáneamente no solo debes estar conectado a una compañía que te provea el sistema de señal, sino también necesitas la sincronización.

Los clientes siempre andan tras las empresas que sean las mejores proveedoras de servicio de señales. Ellas conectan y sincronizan sus clientes a través de diferentes tecnologías. Además, ponen los términos y ambas partes de alguna forma u otra firman un acuerdo o contrato. De esta misma forma, podemos comparar la importancia de estar conectado y sincronizado con el Supremo proveedor. Cristo es el proveedor del perdón. Cristo, a través de su sacrificio, cumplió con las demandas de la justicia y santidad de Dios. Cuando unes tus lazos y te vinculas con Él estás conectado y sincronizado a todas sus promesas infalibles y beneficios ilimitados y eternos. El perdón de Dios se recibe a través de la salvación.

Esta salvación libera y rescata tu espíritu de la angustia presente, de la culpabilidad futura y eterna. Dios tenía el plan, y antes de la fundación del mundo, posiblemente, Dios tenía en mente: *¡Que esto cambie!*

según nos escogió en él antes de la fundación del mundo... Efesios 1:4

Este plan salvífico debía llevarse a cabo; por ende, era necesario un gran voluntario sin manchas y eterno: el originador de la salvación, Jesucristo.

Y en ningún otro hay salvación; porque no hay otro nombre bajo el cielo, dado a los hombres, en que podamos ser salvos. Hechos 4:12

¿Por qué rechazar el salvavidas?

El Señor dijo: *porque esto es mi sangre del nuevo pacto; que por muchos es derramada para remisión de los pecados.* Comunión con Él:

[...] Tomad, comed; esto es mi cuerpo. Y tomando la copa, y habiendo dado gracias, les dio, diciendo: Bebed de ella todos; porque esto es mi sangre del nuevo pacto, que por muchos es derramada para remisión de los pecados. Mateo 26:26-28

El veredicto de Dios es el veredicto por excelencia. Fue el grito más transcendental y salvífico de la historia de toda la humanidad. Cuando Jesús hubo tomado vinagre, dijo: ¡Consumado es! El trabajo se llevó a cabo, está completado.

[...] Y habiendo inclinado la cabeza, entregó su espíritu. Juan 19:30

> **Tetelestai** = Consumado es, pagado por completo.

Al que no conoció pecado, por nosotros lo hizo pecado, para que nosotros fuésemos hechos justicia de Dios en él. 2 Corintios 5:21

Anteriormente, a través del caudillo Moisés el perdón de pecado requería sacrificio de sangre de animales puros y sin manchas, pero todo apuntaba al único sacrificio, hacia Jesucristo. El sacerdocio de Cristo y la ofrenda de su sangre te exonera, libera de la carga y de la deuda.

> *[...] y no por sangre de machos cabríos ni de becerros, sino por su propia sangre, entró una vez para siempre en el Lugar Santísimo, habiendo obtenido eterna redención. Porque si la sangre de los toros y de los machos cabríos, y las cenizas de la becerra rociadas a los inmundos, santifican para la purificación de la carne, ¿cuánto más la sangre de Cristo, el cual mediante el Espíritu eterno se ofreció a sí mismo sin mancha a Dios, limpiará vuestras conciencias de obras muertas para que sirváis al Dios vivo? Así que, por eso es mediador de un nuevo pacto, para que interviniendo muerte para la remisión de las transgresiones que había bajo el primer pacto, los llamados reciban la promesa de la herencia eterna.* Hebreos 9:12-15

En medio de un salvajismo y el más *acuciante* dolor, Jesucristo angustiado se sintió abandonado y reclamó al Padre:

> *Cerca de la hora novena, Jesús clamó a gran voz, diciendo: Elí, Elí, ¿lama sabactani? Esto es: Dios mío, Dios mío, ¿por qué me has desamparado?*
> Mateo 27:46

El abandono:

> *[...] mas Jehová cargó en él el pecado de todos nosotros.* Isaías 53:6

Fue azotado, herido, abatido, traspasado, perforado, como nos dice Juan 19:1. Fue el futuro cumplimiento profético.

> *[...] y mirarán a mí, a quien traspasaron.* Zacarías 12:10

Su costado fue abierto con una lanza (Juan 19:34, 36, 37). Sus padecimientos de mortificación con severidad física y verbal se expresan cuando nos dice que fue herido, molido, castigado, inculpado, ajusticiado. Ese castigo fue por causa de la propiciación para aplacar o satisfacer la ira de Dios por el pecado. Dando como resultado el veredicto final, nuestra redención. La palabra redimir lleva la idea de un pago de rescate, un amo comprando o pagando el precio de los esclavos, sacándolos del yugo para proveerle libertad. Jesús es el Pastor y Obispo de nuestras almas. El peso de la humanidad cayó sobre Él y, como resultado final:

> *[...] y por su llaga fuimos nosotros curados.*
> Isaías 53:5

Tetelestai

El veredicto de Dios fue *Tetelestai,* que quiere decir: 'Completado es'. Esta palabra tan substancialmente importante era una garantía. Jesús a todo pulmón gritó: *tetelestai,* consumado es. En la cultura israelita esta era una frase muy común y bien comprendida.

Era un término griego en los aspectos de las estipulaciones jurídicas. La palabra tenía que ver con un documento o certificado, sellado oficialmente. El sello se imprimía sobre los documentos, cargos de deudas, fianzas, pagarés, inscripciones, escrituras registradas y pagadas. El sello *Tetelestai* nos da hoy la idea de que todo ha terminado y que nuestra deuda ha sido saldada.

Espiritualmente nosotros tenemos grandes cargos criminales. Somos como reos, esclavos, presos del pecado universal. Ante la ley de Dios somos deudores con una sentencia a cumplir. Los cargos están escritos en el corazón de Dios y sellado en un documento legal de sentencia.

En la cárcel eterna, en la pared de la celda se puede exhibir el documento oficial con cada cargo identificado. Esto conlleva grandes implicaciones, todo el mundo está bajo el juicio de Dios, ante *esto,* toda boca, defensas personales, quejas y protestas se silencian, tienen que callar.

¡Que *esto* cambie! Podemos leer en los cargos como está escrito:

[...] No hay justo, ni aun uno. Romanos 3:10
Por cuanto todos pecaron, y están destituidos de la gloria de Dios. Romanos 3:23

En la Biblia, en el libro de Romanos, hay un promedio de catorce cargos espirituales. En las cortes terrenales mientras más cargos tiene un delincuente más grave es la sentencia. Vea los cargos en Romanos 3:1-23. El acusado eres tú. La jurisdicción es la suprema corte celestial. Los cargos son tus pecados. La sentencia, eres culpable. La condena es la muerte eterna. El Juez es Dios Padre Todopoderoso. Tu abogado eres tú mismo. Compareces al Juicio sin mediador o abogado. Sin embargo, en Cristo este no es el final de la historia. De la misma forma, cuando se cumplía la sentencia se sellaba el documento oficialmente con la misma palabra *Tetelestai* o consumado es, cada cargo quedaba anulado. Veamos el mismo juicio del pecador con el Mediador Jesucristo. El acusado eres tú. La jurisdicción es la suprema corte celestial. Los cargos son tus pecados y transgresiones. La sentencia, eres hallado culpable y recibirás pena capital. Tu abogado o paracleto es el Señor Jesucristo, mediador, auxiliador y defensor experto. El juicio ha sido completado. El veredicto determina que la deuda ha sido cancelada, los cargos anulados y borrados. En el juicio el Rey abdicó su trono en beneficio de la humanidad. Bajo la ira de Dios, en su punto culminante y desde la hora sexta la tierra se oscureció hasta la hora novena. En medio de la densidad de las tinieblas del Calvario, en la hora final ante este grito victorioso de *Tetelestai*, exclamado por el que moría por los pecados del mundo, la tierra tembló, las piedras se rompieron y el velo del templo se rasgó en dos de arriba abajo, refiérase a Marcos 15:38-40; Mateo 27:50-53.

Las primicias de los resucitados:

[...] y saliendo de los sepulcros después de la resurrección de él, vinieron a la santa ciudad y aparecieron a muchos. Mateo 27:53

> *[...] y que fue sepultado, y que resucitó al tercer día, conforme a las Escrituras.* 1 Corintios 15:4

¡Esto cambió!

Veamos el mismo juicio con Jesucristo como Mediador. Bajo un nuevo oficio y pacto hay un nuevo Sacerdote según el orden de Melquisedec, quien abrió un nuevo y vivo camino, según Hebreos 8. El juicio ha sido completado. Los cargos son los pecados del mundo. El acusado ahora es Jesucristo. La jurisdicción es la Cruz. La sentencia ha sido cumplida. El veredicto es que los cargos ya han sido pagados. El veredicto de Dios es el final del caso, sin expediente. El decreto judicial:

> *[...] siendo justificados gratuitamente por su gracia, mediante la redención que es en Cristo Jesús a quien Dios puso por propiciación por medio de la fe en su sangre, para manifestar su justicia, a causa de haber pasado por alto, en su paciencia, los pecados pasados.* Mateo 27:53

Dios es el justo Juez y le corresponde decretar su justicia divina. Él no tiene por inocente al culpable. La condena, castigo, sentencia o indulto solo a Él le corresponden.

Perdón = Prefijo: *Per* = a través. *Don* = regalo.

El perdón es posible gracias al regalo de la gracia redentora, es decir, el favor inmerecido. El favor es un acto bondadoso; es un donativo. El perdón divino es inagotable, incondicional, inigualable, irrevocable.

> **Tu deuda pagada = DP**
> Por el Pecado (DPP) = PPP (Pecado, Pagado, Perdonado) = DC Deuda Cancelada
> **Pecado Pagado:**
> *Tetelestai*: Consumado es, "pagado por completo".
> **Tu deuda CC**
> - C = Culpable
> - CC = Culpa Cubierta
> - DC = Deuda Cancelada
>
> **Deuda Anulada: DA**
> - D = Deuda
> - A = Anulada
>
> **Veredicto: B A**
> Tu pecado: Borrado. Anulado.

Definiciones jurídicas comparativas

Amnistía = la ley la otorga extinguiendo los delitos de los antecedentes penales. En gran medida tiene que ver con delitos políticos.

El Reino de Dios te lo ha otorgado previamente confiriéndote la paz del Príncipe de paz. Se acabó la guerra y la ira de Dios ya no está sobre el creyente.

> *[...] yo soy el que borro tus rebeliones...* Isaías 43:25
> *[...] mi paz os doy...* Juan 14:27

> **Abdicar** = ceder o renunciar una soberanía en favor de una persona o individuo particular

Jesucristo renunció.

> [...] sino que se despojó a sí mismo, tomando forma de siervo, hecho semejante a los hombres...
> Filipenses 2:7

Solo en el Señor Jesucristo tenemos un indulto total y permanente.

> Porque por gracia sois salvos por medio de la fe; y esto no de vosotros, pues es don de Dios. Efesios 2:8

Que tu visión de fe esté en el primer lugar. Jesucristo tiene preeminencia en todo, primero en rango para tu salvación y santificación.

> [...] puestos los ojos en Jesús, el autor y consumador de la fe, el cual por el gozo puesto delante de él, sufrió la cruz, menospreciando el oprobio, y se sentó a la diestra del trono de Dios. Hebreos 12:2

No quites los ojos de la meta eterna, Él fue el que sufrió la cruz y con ese único y último sacrificio consumado por la fe, compró tu libertad. La enemistad entre tú y Dios ¡se acabó! ¡Él abdicó!, ¡indultó!, ¡nos dio amnistía! La fe demanda acción, demanda respuesta, la fe se practica y permite vida nueva. El que tiene fe tiene una expectativa segura, tiene que creer que Él existe. Refiérase al capítulo de la fe, Hebreos 11:6.

> [...] la fe, si no tiene obras, es muerta en sí misma.
> Santiago 2:17

Hay un requisito para entrar al Reino de Dios: un nuevo nacimiento espiritual, nacer del agua y del Espíritu. Vea

Decreto de fe

Juan 3. Jesús le dijo a un líder fariseo que vino de noche a inquirirle:

> *Respondió Jesús y le dijo: De cierto, de cierto te digo, que el que no naciere de nuevo, no puede ver el reino de Dios. Nicodemo le dijo: ¿Cómo puede un hombre nacer siendo viejo? ¿Puede acaso entrar por segunda vez en el vientre de su madre, y nacer? Respondió Jesús: De cierto, de cierto te digo, que el que no naciere de agua y del Espíritu, no puede entrar en el reino de Dios.* Juan 3:3-5

En el contexto de estos versículos, podemos observar que el agua se refiere al lavamiento del agua por la Palabra. La Palabra te regenera y la sangre de Jesucristo te exonera. Vea Efesios 5:26. Espíritu de la gracia.

> *[...] nos salvó, no por obras de justicia que nosotros hubiéramos hecho, sino por su misericordia, por el lavamiento de la regeneración y por la renovación en el Espíritu Santo.* Tito 3:5

Tú has experimentado el perdón, tú puedes perdonar también. El perdón no es un acto del sentimiento, es un acto de la voluntad. ¿Tienes tú un cargo en contra de alguien? Sé activo en la gracia, la compasión y la misericordia. Absuelve los cargos de la misma forma que tú fuiste absuelto.

> *Y él os dio vida a vosotros, cuando estabais muertos en vuestros delitos y pecados.* Efesios 2:1

No confundas la gracia, el favor inmerecido, con la justicia o sentencia. Como el Espíritu Santo ha derramado su amor en nuestros corazones, tenemos la capacidad milagrosa de poder perdonar en mayor cantidad e intensidad. Como hijos de Dios nos corresponde otorgar perdón a los que nos ofenden, porque los malvados no perdonan.

> *[...] Siervo malvado, toda aquella deuda te perdoné, porque me rogaste. ¿No debías tú también tener misericordia de tu consiervo, como yo tuve misericordia de ti? Entonces su señor, enojado, le entregó a los verdugos, hasta que pagase todo lo que le debía. Así también mi Padre celestial hará con vosotros si no perdonáis de todo corazón cada uno a su hermano sus ofensas.* Mateo 18:32-35

Dios es el justo Juez y le corresponde decretar su justicia divina. Él no tiene por inocente al culpable. En una corte terrenal, ante un juicio, solo al juez le corresponde el decreto de la condena, el castigo, la sentencia y la venganza; solo a él. ¿Qué cosas del pasado están interfiriendo con tu corazón?

Tú no eres un esclavo ni una víctima. Ni el pasado ni el presente deben ser tus crueles "ayos" o tutores. El Dios encarnado pensó en ti, en su grito final de victoria, pensó en tus pecados y allí en la cruz del Calvario llevó Él tu juicio. ¿Te agobia la culpa? Tu culpa está eternamente resuelta. El remedio para tu agobio es saber que tienes el perdón divino. ¿Sientes el peso del pecado?, ¡no necesitas llevar esa carga! El remedio para ese peso que sientes es saber que tienes el perdón divino. ¿Te acosan las cosas crueles que has hecho? El remedio para ese acoso que sientes es saber que tienes el perdón divino. Ten paz, porque el decreto jurídico celestial es *Tetelestai:* "Pagado por completo". ¿Te sientes condenado? El remedio es saber que eres absuelto porque "otro" pagó tu sentencia.

Ahora, pues, ninguna condenación hay para los que están en Cristo Jesús... Romanos 8:1

¿Estás en Cristo?, entonces en el poder de su Espíritu, ocúpate de tu espíritu.

Porque el ocuparse de la carne es muerte, pero el ocuparse del Espíritu es vida y paz. Romanos 8:6

Haz un intercambio, entrégale tu espíritu humano y Él te entregará su Espíritu divino. Entrega ese dolor, y Él te entregará su paz. Entrégale tu culpa, y Él te entregará su perdón. Entrégale tu vergüenza, y Él te entregará su honra. Tu juicio y condenación por el pecado se llevó ya a cabo en la cruz del Calvario, "completado es". Con este acto de justicia irrefutable, imputándole tu naturaleza pecaminosa a Jesús, se llevó a cabo tu justificación por los méritos del Salvador y Señor Jesucristo, el Mesías. Por medio de la fe recibes la justicia de Dios según 2 Corintios 5:21.

[...] y sin derramamiento de sangre no se hace remisión. Hebreos 9:22

Remisión = enviar lejos, perdón, libertad.
Expiación = borrar la culpa mediante sacrificio.

Todo lo que la sombra del viejo pacto no pudo hacer lo hizo Cristo. Dios preparó "un" cuerpo humano no pecaminoso. Tu sustituto dio su propia sangre ofreciéndose voluntariamente por ti. Dios mismo cumplió su demanda de muerte. En su integridad y justicia Dios se entregó a sí mismo para cumplir su propia ley. Los pactos se ratificaban con sangre. Su remisión fue para cancelar tu juicio. Es casi increíble que Dios utilice este medio del sacrificio de su Hijo Jesús para la remisión de los pecados del mundo. De todas formas, Dios no es común, Él es ¡increíble!

En el Viejo Pacto, según la ley, los pecados se cubrían. Casi todo era purificado con sacrificios, ofrendas de la sangre de animales, becerros, toros y machos cabríos. Pero esa ofrenda era insuficiente. Ahora una sola ofrenda, un Nuevo Pacto por la sangre de Cristo nos da acceso libre al lugar santísimo. Israel tenía el pacto y la promesa, escritos de las leyes de los 10 mandamientos en tablas de piedras. Al invalidarlo ellos, Jehová les da un Nuevo Pacto: una nueva ley en la mente y en el corazón, donde el temor al Señor reinará. Ya lo que fue escrito en piedras fue trasladado al corazón.

> *[...] éste es el pacto que haré con la casa de Israel después de aquellos días, dice Jehová: Daré mi ley en su mente, y la escribiré en su corazón...* Jeremías 31:33

Después añade:

> *[...] Y nunca más me acordaré de sus pecados y transgresiones. Pues donde hay remisión de estos, no hay más ofrenda por el pecado.* Hebreos 10:17,18

Pacto = *berit*, alianza. Cortar o partir por la mitad, en una ofrenda de olor grato a Jehová. Vea Génesis 15:10.

La ceremonia del pacto se establecía con sangre, se cortaba por la mitad un animal específico y las dos partes se ponían de frente. En el acuerdo y mutua unión los que se comprometían al pacto atravesaban entre las mitades de los pedazos y la sangre ratificaba el compromiso irrevocable. Por esa causa, se llevaba a cabo la ceremonia de la circuncisión del prepucio. También la virginidad es una especie de pacto, es un principio espiritual, ¡qué relevante son los pactos! Los tejidos íntimos de la pureza virginal individual del hombre y la mujer están intencionalmente diseñados y estratégicamente colocados, donde los dos, hombre y mujer se hacen uno. Dios ha tenido pacto solemne con el hombre, Él tiene la expectativa de que entremos en el pacto matrimonial vírgenes. Eso no es una moda. Un ejemplo bíblico son estas gemelas, Ahola y Aholiba, las cuales hicieron una alianza inmoral y se dejaron amancillar.

[...] en su juventud fornicaron. Allí fueron apretados sus pechos, allí fueron estrujados sus pechos virginales. Ezequiel 23:3

Con unas sorprendentes figuras el profeta Ezequiel nos presenta a Samaria y Jerusalén como estas gemelas, quienes se enamoraron a primera vista y se contaminaron. Una era "peor" que la otra, pero ambas hacían lo mismo. Enloquecieron de lujuria y fueron tras "jóvenes codiciables", jinetes de un ejército enemigo, soldados uniformados, gobernadores y capitanes, bien vestidos y armados. Ellas en un yugo desigual e inmoral descubriendo su desnudez y se echaron con ellos. *Y se enamoró de sus rufianes, cuya lujuria es como el ardor carnal de los asnos, y cuyo flujo como flujo de caballo.* Depravadas, envejecidas de fornicaciones, entregándose a la perversidad se olvidaron de Dios y lo echaron tras sus espaldas. ¡Dios se hastió! Dios demanda pacto de lealtad y santificación. El Nuevo Pacto o Testamento es para toda la humanidad. Nosotros como gentiles hemos sido incorporados, alcanzados y conectados en la promesa y bendición del patriarca Abraham. Como Iglesia mística hemos sido injertados como ramas en el tronco original, el cual es el cuerpo de Cristo, el Israel espiritual. Se nos han entregado leyes selladas en el Espíritu Santo y tatuadas en nuestros corazones. La ira de Dios se aplacó en Cristo. El Espíritu Santo lo hace solo para cuyos corazones se vuelven a Él por medio de su gracia. La sangre de Cristo borrando el pecado, es la sangre del nuevo pacto, no se puede ultrajar el Espíritu de su gracia. Refiérase a Romanos 11:16-36. Hay garantía, la palabra está en tu boca; cuando creíste y confesaste Dios te selló con el Espíritu Santo.

> *Porque con el corazón se cree para justicia, pero con la boca se confiesa para salvación.*
> Romanos 10:10

Gastos de cierre

> *[...] el cual también nos ha sellado, y nos ha dado las arras del Espíritu en nuestros corazones.*
> 2 Corintios 1:22

Arras = depósito.

Decreto de fe

Históricamente cuando se compra una propiedad se da un depósito, arras como pago inicial, el cual asegura o garantiza lo que se resta. El momento de la decisión de fe es un momento oportuno de confesión y reconocimiento. En ese acto público de fe y el creer se nos sella invisiblemente con el Espíritu Santo como la garantía de que le pertenecemos.

Recuerdo que cuando era niña yo veía una marca particular en las vacas. Ciertamente, esa marca identificaba su dueño. Sin embargo, en un mundo posmoderno ya no hay que mirar las vacas. Hoy en día dondequiera que volvemos la vista hay un sello de pertenencia. Las principales firmas e individuos andan tras las marcas de los distintos diseñadores famosos, la gente considera que estos nombres de gran reconocimiento les dan estatus e identidad social, sintiéndose orgullosos según la historia, la moda y la época. Otros se modifican la piel con los tatuajes o marcas identificándose con conceptos de identidad de todo tipo. Es de conocimiento general que en la antigüedad y a través de los siglos sellar es un signo de autenticidad y legitimidad, dando la seguridad del derecho de propiedad.

En el Calvario el Señor Jesucristo garantizó que Él había hecho una transacción definitiva y terminada, Él le puso su sangre como el sello garantizador del pacto. El creyente está sellado, tiene una marca distintiva y exclusiva, este es el Espíritu Santo:

En él también vosotros, habiendo oído la palabra de verdad, el evangelio de vuestra salvación, y habiendo creído en él, fuisteis sellados con el Espíritu Santo de la promesa. Efesios 1:13

El papel del Espíritu Santo es esencial y decisivo, no se trata de "algo" sino de "alguien". El Espíritu Santo no se limita a una fuerza, no fue creado, su naturaleza es eternamente divina. Él es una Persona quien permite la santificación del creyente. Aprendamos a verdaderamente conocerlo, amarlo y necesitarlo. Hemos reducido la experiencia del poder del Espíritu Santo a un sinnúmero de emociones y expresiones que la Palabra de Dios no demanda. Detengámonos y meditemos en la magnitud del poder de la obra de la tercera Persona de la Deidad. Meditemos en algunos elementos básicos tales como su persona, su obra y la superabundante gracia. Tú fuiste creado, eres una sola persona y te manifiestas en tres áreas, eres espíritu, alma y cuerpo. Eres naturaleza humana, Dios es naturaleza divina. ¿Por qué entonces Dios el Creador de todas las cosas existentes, no puede ser uno en tres distintos? Jesús conociendo su tiempo terrenal y concluyendo su misión prometió la ayuda de la tercera Persona de la Deidad.

Y yo rogaré al Padre, y os dará otro Consolador, para que esté con vosotros para siempre: el Espíritu de verdad, al cual el mundo no puede recibir, porque no le ve, ni le conoce; pero vosotros le conocéis, porque mora con vosotros, y estará en vosotros.
Juan 14:16,17

Otro = de otra manera, pero de la misma clase.

Jesús asigna a un enviado y nos dice que no nos dejará huérfanos. El Espíritu Santo es "diferente" en aplicación y diversidad, pero es de la misma esencia en la Deidad. Él "mora con nosotros", está con nosotros y es por nosotros.

> *[...] el Espíritu de verdad, al cual el mundo no puede recibir.* Juan 14:17

Él no habla de sí mismo, habla lo que oye, pues ha venido a glorificar a Cristo. Enseña, convence al mundo, guía a los creyentes, revela todo lo concerniente a Cristo y la verdad. Refiérase a Juan 14:8,9; Juan 16:13,14. El Espíritu convence de pecado: *por cuanto no creen en mí.* Juan 16: 8,9. Los del mundo resisten al Espíritu Santo, por lo tanto, no tienen excusas por sus pecados. El Espíritu convence de justicia: *por cuanto voy al Padre.* Juan 16:10. Convence de juicio: *pues el príncipe de este mundo ha sido ya juzgado.* Juan 16:11. Muchos resistieron al Espíritu Santo: *Negaron a Jesús y pidieron a un homicida.* Marcos 15:6-20: *mataron a los profetas y apedrearon a los enviados quienes anunciaron el evangelio.* Mateo 23:37.

El Espíritu Santo como Consolador:

> *Mas el Consolador, el Espíritu Santo a quien el Padre enviará en mi nombre...* Juan 14:26

Necesitas al Espíritu Santo, es el Espíritu de la concepción, ayudador, abogado e intercesor que enseña y te ayuda a recordar. El Espíritu Santo fertiliza, concibe y multiplica. Participó en la creación, "se movía", o como un ave que incuba o se posa sobre sus polluelos "aletea", calienta, consuela y da vida. Por la obra del Espíritu Santo Dios te invita a venir a Él, levantarte y restaurarte. Levantarse es moverse de abajo hacia arriba, es poner una cosa en un lugar más elevado, en una posición vertical.

> Y la tierra estaba desordenada y vacía, y las tinieblas estaban sobre la faz del abismo, y el Espíritu de Dios se movía... **Génesis 1:2**

Él es el Espíritu de gracia:

> ¿Cuánto mayor castigo pensáis que merecerá el que pisoteare al Hijo de Dios, y tuviere por inmunda la sangre del pacto, en la cual fue santificado, e hiciere afrenta al Espíritu de gracia? **Hebreos 10:29** Porque por gracia sois salvos por medio de la fe, y esto no de vosotros, pues es don de Dios, no por obras, para que nadie se gloríe. **Efesios 2:8,9**

El Espíritu Santo no es impersonal, nos ayuda, crea y cría. Él intercede por nosotros intensamente y con gemidos, pues no sabemos pedir en oración como nos expresa Romanos 8:26. El Espíritu Santo imparte vida, su sombra se posó participando directamente en la concepción virginal de María. Fue anunciado por el ángel:

> El Espíritu Santo vendrá sobre ti, y el poder del Altísimo te cubrirá con su sombra; por lo cual también el Santo Ser que nacerá, será llamado Hijo de Dios. **Lucas 1:35**

El Espíritu Santo renueva y resucita:

> Y si el Espíritu de aquel que levantó de los muertos a Jesús mora en vosotros... vivificará también vuestros cuerpos. **Romanos 8:11**

El Espíritu Santo te derrama su amor, te imparte y reparte los dones o dádivas para el ministerio o servicio litúrgico. Si perteneces al Reino de Dios, aunque haya dentro de ti tristeza y Satanás te esté zarandeando, debes tener la certeza que dentro de ti hay un gran tesoro. El Espíritu Santo es tu Consolador, Él te ilumina:

[...] fueron iluminados y gustaron del don celestial.
Hebreos 6:4

Hay quienes han sido iluminados y han participado solo de la luz de la gracia, pero deliberadamente apagan la luz, la abandonan para sumirse en la oscuridad. Así como una luz en un lugar oscuro revela sus alrededores, es posible que esta experiencia de iluminación haya convencido a la persona del poder de Dios y viven bajo esa iluminación por un período de tiempo. Evidencian cierta reverencia, oran, cantan himnos, otros cargan la Biblia debajo de sus brazos como si fuera un desodorante, pero no son regenerados o convertidos. Otros ven a Dios como el mensajero y mago del universo y gran proveedor, les encanta su mano. Hay una diferencia entre convencimiento y conversión. Conversión es arrepentimiento. La conversión hasta el punto de regeneración conlleva un proceso de desarrollo. Por su parte, arrepentimiento es un giro, es darle la espalda donde teníamos la cara por nuestra propia voluntad. La conversión te lleva a un cambio en el tejido, tu corazón o voluntad. Conversión es renacer espiritualmente. La Palabra produce conversión, la ley de Dios convierte el alma. Estudie la conversión de Saulo de Tarso en el libro de los Hechos capítulo 9. Antes de ser apóstol Pablo, Saulo de Tarso era un soldado romano que respiraba amenazas y consentía en la muerte de los cristianos. Pero llegó a ser el apóstol Pablo quien escribió bajo el poder de Dios una tercera parte de la Biblia.

Ahora veamos al Espíritu Santo en la adopción:

> *[...] habéis recibido el espíritu de adopción; por el cual clamamos: ¡Abba Padre!* Romanos 8:15

Fuimos deseados y elegidos para que fuésemos ¡hijos!, ante un acto jurídico del Espíritu Santo que legalmente nos lo otorgó, para que perteneciésemos a una nueva familia, la familia de Dios, y fuésemos herederos directos, con todos los derechos y responsabilidades, con Jesucristo hechos hijos de Dios; *no engendrados de sangre, ni de voluntad de carne, sino de Dios* (Juan 1:12,13).

El Espíritu Santo es ayuda en nuestra debilidad:

> *Y de igual manera el Espíritu nos ayuda en nuestra debilidad; pues qué hemos de pedir como conviene, no lo sabemos, pero el mismo Espíritu intercede por nosotros con gemidos indecibles.*
> Romanos 8:26

El Espíritu Santo es autor de nuestro nuevo nacimiento del agua y del Espíritu. Vea Juan 3:3-5

El Espíritu Santo nos libró:

> *Porque la ley del Espíritu de vida en Cristo Jesús me ha librado de la ley del pecado y de la muerte.*
> Romanos 8:2

El Espíritu Santo es el que transforma al pecador por medio del arrepentimiento permitiendo que acontezca un giro de 180 grados. El Espíritu Santo nos santifica para que la gente le sea ofrenda agradable, santificada por Él.

> **Santidad** = separado, reservado, separación para Dios.

El Espíritu Santo confirma que somos hijos de Dios.

El Espíritu mismo da testimonio a nuestro espíritu, de que somos hijos de Dios. Romanos 8:16

El Espíritu Santo nos llena de su fruto.

Mas el fruto del Espíritu es amor, gozo, paz, paciencia, benignidad, bondad, fe, mansedumbre, templanza, contra tales cosas no hay ley. Gálatas 5:22,23

La regeneración del Espíritu Santo tiene buenos frutos dignos de arrepentimiento. El Espíritu Santo transforma nuestro carácter:

[...] y revestido del nuevo, el cual conforme a la imagen del que lo creó se va renovando hasta el conocimiento pleno. Colosenses 3:10

El Espíritu Santo reparte, envía o despacha al creyente a la obra ministerial. El Espíritu Santo les es dado a los que confiesen a Jesucristo como Salvador y lo pidan. El Espíritu Santo unge. Vea 1 Juan 2:20 y 2 Corintios 1:21-23

Sed llenos del Espíritu. Efesios 5:18

El Espíritu Santo como un torrente impetuoso, derramándose dentro de ti, te impartirá su don y manifestación poderosa.

El que cree en mí, como dice la Escritura, de su interior correrán ríos de agua viva. Juan 7:38

Definitivamente, como creyente debe existir una llenura o río caudaloso dentro de ti. Una pregunta crucial en la Biblia fue esta:

¿Recibisteis el Espíritu Santo cuando creísteis? Y ellos le dijeron: Ni siquiera hemos oído si hay Espíritu Santo. Entonces dijo: ¿En qué, pues, fuisteis bautizados? Ellos dijeron: En el bautismo de Juan. Dijo Pablo: Juan bautizó con bautismo de arrepentimiento, diciendo al pueblo que creyese en aquel que vendría después de él, esto es, en Jesús el Cristo. Cuando oyeron esto, fueron bautizados en el nombre del Señor Jesús. Y habiéndoles impuesto Pablo las manos, vino sobre ellos el Espíritu Santo; y hablaban en lenguas. y profetizaban.

Hechos 19:2-6

Como los judíos, los gentiles también recibieron el don. Porque los oían que hablaban en lenguas y magnificaban a Dios. Vea Hechos 10: 44-46. Una persona llena de poder como dinamita y guiada por el Espíritu Santo es transformada. ¿Y tú, cuál es tu llenura? ¿Está tu río lleno? Ora por tu torrente, el río de Dios no se seca.

> **TU PORCIÓN**
> Tú tienes un Consolador divino, eterno, Santo, Santo, Santo.
> Aprende a amar a tu Señor, consolador y abogado.

Jesús le dijo: Amarás al Señor tu Dios con todo tu corazón, y con toda tu alma, y con toda tu mente.
Mateo 22:37

Un buen libro siempre habla de la oración

Tenemos un compromiso con Dios y su Palabra. La vida llena del Espíritu Santo es una vida complementada con la oración. La oración no es un monólogo lleno de palabrerías y vanas repeticiones. Dios envió su Espíritu y hasta en su ministerio terrenal Jesús encarnado recibió la manifestación de unción, denuedo y autoridad en el Espíritu Santo, según Mateo 3:16,17. Jesucristo siempre estuvo en plena comunión y oración con el Padre.

Veamos estos pasajes que así lo demuestran.
- Mateo 26:39-44, la oración en Getsemaní.
- Lucas 22:41-43, Padre, pasa de mí esta prueba.
- Lucas 6:12,13, una noche larga de oración.
- Lucas 5:15,16, más él se apartaba a lugares desiertos y oraba.
- Marcos 1:35, muy de mañana... oscuro... se fue a un lugar desierto y allí oraba.

Jesús tenía sus prioridades muy claras, no permitió distracciones. La oración no puede estar proféticamente aislada o divorciada del Espíritu y las Sagradas Escrituras, tiene que haber una fusión. La comunión con Dios demanda unidad con su Palabra. El Espíritu Santo es imperativo, Él da vida a la Palabra. El ministerio de los apóstoles estuvo empoderado de Espíritu Santo y oración.

*Orando en todo tiempo, con toda oración
y súplica en el Espíritu.* Efesios 6:18
Orar siempre, y no desmayar... Lucas 18:1
*Perseverad en la oración, velando en ella
con acción de gracias.* Colosenses 4:2

La verdadera oración nace de un corazón rendido, postrado ante su Creador. El Señor Jesucristo es el modelo perfecto, Él mismo se postraba. Dios pone sus términos, la demanda de nosotros cambió, aun hasta la forma en que vemos la oración y las motivaciones, a quién oramos, cómo oramos y para qué oramos. La presencia, majestuosidad y santidad de Dios exige reverencia. Ante su autoridad e intimidad con Dios oramos al Padre en la honra del nombre del Hijo y en el poder del Espíritu Santo. Sometemos nuestro *yo* y las debilidades de nuestra vieja naturaleza.

Un día estaba Jesús orando en cierto lugar y cuando terminó le dijo un discípulo: Señor, enséñanos a orar, así como Juan enseñó a sus discípulos. A causa de esta petición, el Señor Jesucristo nos dejó el modelo perfecto para la oración. Fíjate que es un modelo, no una fórmula. Refiérase al Padrenuestro de Mateo 6:5-13. Oramos porque conocemos y dependemos de Dios, no porque merecemos algo. La oración es un buen momento para perdonar y absolver de ofensas, agravios y pecados. Es este el momento oportuno donde dejamos pesos espirituales, cargas de opresión y ataduras que hacen abortar nuestro destino. La oración no solo es un acto de comunicación, sino también uno de adoración, lleno de arrepentimiento y poder del Espíritu Santo en perdón, pureza, gratitud y alabanza.

Y cuando estéis orando, perdonad si tenéis algo contra alguno para que también vuestro Padre que está en los cielos os perdone a vosotros vuestras ofensas. Marcos 11:25

Nuestra piedad y acercamiento a Dios en oración va más lejos de nuestros asuntos externos, fórmulas, repeticiones, amuletos, misticismos, adivinos, agoreros, brujos y rituales de cualquier forma. La oración es la entrega de un corazón humilde de un hijo al Padre. La oración sale de las entrañas y no de la cabeza. Él es Padre porque lo reconocemos y aceptamos como nuestro Padre celestial. Jesús hablando del camino, dijo:

[...] nadie viene al Padre, sino por mí. Juan 14:6

El que ora sabe y tiene la confianza que su Padre es Padre nuestro, Padre misericordioso, Padre Eterno, Abba

Padre: 'Papacito'. Nos acercamos con seguridad por el camino nuevo y vivo que Jesucristo nos abrió. Lea Hebreos 10:20-22. ¿Cómo puedes orar para recibir la gracia?

Acerquémonos, pues, confiadamente al trono de la gracia, para alcanzar misericordia y hallar gracia para el oportuno socorro. Hebreos 4:16

Si tú crees que evolucionaste de un animal, del mono, entonces no puedes orar y dirigirte a Dios, tendrás que orar a tu padre mono que está en las junglas. Ese no te puede responder, no es el Creador, ni tiene el poder, ni la autoridad ni la inteligencia, o si te inclinas ante vanos ídolos hay invalidez, o si oras hacia un hombre que sus huesos siguen en la tumba en vano oras.

Tienen boca, mas no hablan; tienen ojos, mas no ven; orejas tienen, mas no oyen; tienen narices, mas no huelen; manos tienen, mas no palpan; tienen pies, mas no andan... Salmos 115:5, 7

Entiende esto, son imágenes de oro, plata, piedra, madera que no te pueden ayudar. No puedes depender de lo que tú tienes que cargar o de muertos, lo que está muerto no te puede ayudar. Lo que no es Omnisciente, ni Omnipotente, ni Eterno, ni Santo, Santo, Santo.

En la oración también enfrentaremos batallas

No des lugar al diablo, que el enemigo no tome ventaja. Él bombardea tu mente y la deforma con imágenes, pensamientos, creencias, resentimientos, para conformarla a su plan, propósito y sus maquiavélicas intenciones.

Mantén tu posición a la verdad bíblica, desenvaina tu espada de fe con la cual puedes "apagar todo el dardo de fuego" del campo del adversario. Él con sus distintas estrategias "forja", fragua y moldea tus pensamientos. En el campo de la herrería los metales se golpean, se funden bajo un intenso fuego y presión para darle la forma o diseño preconcebido. Los enemigos se levantarán en multitud a hacer guerra, inventan armas y herramientas, pero Dios es el que hace triunfar a su pueblo. Podrás hacerlos callar porque Dios decretó:

Ninguna arma forjada contra ti prosperará, y condenarás toda lengua que se levante contra ti en juicio. Esta es la herencia de los siervos de Jehová y su salvación de mí vendrá, dijo Jehová. Isaías 54:17

Los sabuesos del odio, sacerdotes, escribas y fariseos andaban tras Jesús, tramaban entramparle. En la cruz Jesús daría el supremo ejemplo del amor perdonador. Olvídate de tus "peros". El perdón comienza orando: Intercede en favor de tus opresores y perseguidores.

Y cuando estéis orando, perdonad si tenéis algo contra alguno para que también vuestro Padre que está en los cielos os perdone a vosotros vuestras ofensas. Marcos 11:25

La "muerte" de tus sueños se incorpora ante aquel que levantó a Jesucristo de los muertos.

¿Estás preparado a aceptar la contestación de Dios? Siendo Dios la máxima expresión de santidad, fidelidad, justicia y perfección, sus respuestas no siempre se ajustan a nuestras peticiones. Sus respuestas podrían ser simples: 'sí', 'no', 'espera', pero también pueden ir favorablemente más allá de toda nuestra imaginación y limitación.

Oremos

Soberano Dios y Padre, reconozco al Señor Jesucristo como el único medio a tu trono de gracia y misericordia. Vengo ante ti en mi condición humana. Gracias por tu gracia salvadora, gracias por el perdón de mis pecados y tu poder. En actitud de obediencia voluntariamente perdono todas las ofensas y absuelvo a mis deudores en el poder de Cristo. Voluntariamente renuncio a toda forma deforme, disfuncional, oscura, vacía y en caos. Rechazo todo antagonismo espiritual y me declaro libre. Padre, incluyo a mi ofensor, que sea libre. Lo bendigo en Cristo.

Escrito está en tu Palabra:

> *Ciertamente llevó él nuestras enfermedades, y sufrió nuestros dolores... Mas él herido fue por nuestras rebeliones, molido por nuestros pecados; el castigo de nuestra paz fue sobre él, y por su llaga fuimos nosotros curados.* Isaías 53:4,5

Padre, recibe mi entrega. Reconozco a Jesucristo como mi Salvador y creo en su resurrección. En el nombre de Jesucristo, yo creo y decreto mi sanidad en espíritu, alma y cuerpo en el poder de tu Espíritu Santo. Te pido ser lleno del poder de tu Espíritu Santo. Padre, reivindícame. Gracias, Padre. Amén.

La oración es un arma poderosa, para enlistarse en la guerra e ir a la batalla no hay que salir del país, ni siquiera de tu casa. Dios sigue siendo Dios hasta los confines de la tierra. Dicen que los ejércitos mundiales, entre sus estrategias, tienen algunas muy peculiares.

Es de conocimiento general que para triunfar no es común improvisar. Entre los distintos planes y mapas inspírate en este sencillo plan de batalla sacado de los Ejércitos terrenales. Podrás aplicarlo al ejército espiritual.

> La oración ferviente está llena de fe y de poder del Espíritu Santo. Ella le ordena a la montaña: ¡Muévete!

El arte de sus tropas es este:

- Si el ejército es diez veces superior al enemigo, rodéale, envía la Palabra, ora, ayuna, adora.
- Si el ejército es cinco veces más fuerte, atácale, envía la Palabra, ora, ayuna, adora.
- Si el ejército tiene doble fuerza, divídele, envía la Palabra, ora, ayuna, adora.
- Si el ejército está a la par, supérale con un buen plan.

No llores. En el nombre de Jehová Dios de los ejércitos de Israel, comandante en jefe, Jesús, Rey de reyes y Señor de señores, la guerra está ganada.

[...] para que en el nombre de Jesús se doble toda rodilla de los que están en los cielos, y en la tierra, y debajo de la tierra, y toda lengua confiese que Jesucristo es el Señor, para gloria de Dios Padre.
Filipenses 2:10,11

No llores, Él sí puede. En el libro de Apocalipsis vemos al Cordero, quien tiene el rollo de papiro en su mano, el rollo está escrito por delante y por detrás. Había unos destinatarios que necesitaban esa revelación escrita, pero había una imposibilidad. Un ángel avanzó a preguntar: «¿Quién es digno de romper los sellos y abrir el libro?». Definitivamente, el contenido era importante, pero el rollo tenía siete sellos y estaba herméticamente cerrado. Juan lloraba mucho, nadie era digno de abrirlo, ni de examinarlo o leerlo. Un anciano dijo: ¡Deja de llorar!

El León de la tribu de Judá, la raíz de David, ¡Él sí puede! Él es digno y ha vencido. Vea Apocalipsis 5.

Juan miró y vio al Cordero de pie, el que había sido sacrificado. Él tenía poder y autoridad. El Cordero se acercó y tomó el rollo en su mano derecha, de la mano derecha del Padre, quien estaba sentado en el trono.

Tu porción

Aunque todo parezca perdido no llores, el plan de Dios para tu vida y la humanidad se ejecutará. Por una decisión humana irrevocable en la tierra el contenido del mensaje celestial podrá estar sellado herméticamente con siete sellos, y aunque muchos lloren sin esperanza recordemos que el Cordero, dueño del título de posesión, puede anular, derogar e invalidar. El universo es pertenencia, dominio y Señorío de Cristo por todos los siglos.

El Cordero rescata. No tiene prejuicios de etnias, razas o idiomas. Es maravilloso. No desmayes. Tú eres una obra maestra, creada para buenas obras. Dios no abandona la maravillosa obra de sus manos. No necesitas méritos; Jesús es suficiente. Ahora te corresponde a ti: es tu oración personal. Envía la Palabra, ora, ayuna y adora.

[...] La oración eficaz del justo puede mucho. Santiago 5:16

La oración ferviente está llena de fe y de poder del Espíritu Santo. Ella le ordena a la montaña: ¡Muévete! Empoderado por el Espíritu Santo tú puedes cambiar tu historia. Donde está el Espíritu Santo hay resurrección. Jesucristo hablando con un líder eclesiástico dijo:

[...] lo que es nacido del Espíritu, espíritu es [...] El viento sopla de donde quiere, y oyes su sonido, mas ni sabes de dónde viene, ni a dónde va; así es todo aquel que es nacido del Espíritu. Juan 3:6, 8

Los efectos del viento no se pueden negar ni ignorar. Es una manifestación "invisible", como el viento del día de Pentecostés que en medio de una importante y muy gran fiesta y celebración anual, llegó el poderoso Espíritu Santo.

Y de repente vino del cielo un estruendo como de un viento recio que soplaba, el cual llenó toda la casa donde estaban sentados. Hechos 2:2

Mi oración por ti es esta

Que tu "casa" sea llena de aliento del Espíritu Santo. Pido un movimiento de incubación favorable "de repente" para ti. Que todos tus vacíos, nubarrones, fríos, apagones, lo desvinculado y todo roto se sometan al movimiento del viento o poder invisible del Espíritu Santo, que transforme tu vida. Que hoy queden todos tus espacios vitales y atmósfera renovada y saturada de su apacible frescura.

¡Qué esto cambie!

Que desde aquí llegue a tu norte y penetre.
Decreto de fe: Reivindicación y vínculo de su perfecta paz.
Te bendigo, en Cristo Jesús. Amén.

> **TU PORCIÓN**
> Hoy te dejo una palabra *rema*. Dios me envió a decirte: ¡No temas! Te recompensaré por los años de daño.

¡Gracias, querido lector! Dios mediante nos vemos pronto, tenemos otra cita en serie para la continuidad.
¡Que *esto* cambie... pa' la otra página!

[...] pero una cosa hago: olvidando ciertamente lo que queda atrás... Filipenses 3:13

Sea la gloria de Dios Padre, Hijo y Espíritu Santo para siempre. Amén.

Bibliografía

- Vine, W. E. (1998). *Diccionario expositivo de palabras del Antiguo Testamento exhaustivo*. Editorial Caribe.
- Strong, J. (2002). *Nueva concordancia Strong exhaustiva*. Editorial Caribe.
- Holman. (2014). *Diccionario bíblico ilustrado*. B&H Publishing Group.
- Robertson, A. T. (2003). *Comentario al texto griego del Nuevo Testamento*. Editorial CLIE.
- Kittel, G. (2003). *Compendio de diccionario teológico*. Editorial Libros Desafíos.

Acerca de la autora

Conocí a Flor hace veintitrés años en la isla de St. Thomas. Recuerdo el día en que la conocí en su hogar. Para ese entonces, vivía en una casa muy linda, con una vista muy amplia del océano, maravillosa para meditar. Flor se encontraba al comienzo de su transición y transformación en su vida espiritual. Entiendo que estaba pasando por un gran momento de tomar decisiones que cambiarían su vida personal y profesional. Me la presentó el entonces gerente regional, Fernando Soto, uno de los personajes que tampoco podría olvidar. Fernando es un joven emprendedor, inteligente, y tenía buenas actitudes para ser un hombre exitoso en la empresa en la que nos desempeñábamos. Pero, en el momento de presentarme a Flor, se encontraba en el proceso de mudarse a Carolina del Norte con su familia, debido a que el huracán *Marilyn* destruyó también su casa. Fernando había comenzado a tener un marcado éxito en el reclutamiento de nuevos asociados y comenzaba a dar señales de que tendríamos un equipo de trabajo que, por fin, contribuiría a lograr las metas establecidas. Debido a mi extensa experiencia de treinta años en el reclutamiento y desarrollo de personal de ventas, pensé que sería algo difícil la transición de Fernando Soto a Flor como Coordinadora (Gerente) Regional, ya que ella no contaba con las licencias necesarias ni el conocimiento sobre los seguros que vendíamos (y tampoco podría recibir comisiones). Fernando y su tío Arturo Soto habían tenido una especie de control sobre el negocio de AFLAC en las Islas Vírgenes americanas por décadas. Algo que Fernando me confesó en una conversación fue que él aprendió de su tío que no le convenía reclutar personas que pudieran competirle en el negocio. Llegó Flor y tomó las riendas de las Islas Vírgenes como si lo hubiera hecho toda la vida. No se reservó nada de su sabiduría adquirida en experiencias pasadas. Los conocimientos nuevos, licencias adquiridas y su gran fe se vieron reflejados en todo lo que hizo. AFLAC, en las Islas Vírgenes, surgió de la nada, pero es uno de los éxitos más marcados de nuestra operación. Los logros de Flor superaron todas las metas establecidas. Aparte del éxito logrado, Flor se convirtió en amiga mía, de sus compañeros regionales y de todos los que la conocieron. Conversar con Flor siempre ha sido un aliento para todos y sus oraciones son poderosas. Pude conocer los amores más importantes para Flor: su padre y sus hermanos, y cómo manifiesta ese amor. Para mí, Flor es el verdadero ejemplo de lo que las personas pueden lograr con fe y entusiasmo, de cuando se tiene un sincero interés por superarse, servir y ayudar a otros a superarse también..

José Colón Berlingeri
Anterior Gerente Territorial
AFLAC, PR/VI

Biografía

Flor de María Morales Peterson es inspiradora, escritora apasionada, conferenciante cristiana internacional y visionaria, con más de 30 años de servicio voluntario al Reino del Señor Jesucristo. Por diecisiete años consecutivos fue productora y la voz distintiva del Oasis de un reconocido programa radial cristiano del Caribe en *WIVV, WBMJ 1370 AM*. Se ha dirigido a audiencias en el Caribe, incluyendo Cuba, además de Estados Unidos y África. Educadora de profesión, se destacó como escritora en la sección espiritual del periódico *Crónicas Hispanas*, St. Thomas, Islas Vírgenes, distribuido en el Caribe. Es una ejecutiva retirada de una compañía americana Fortune 500, donde se certificó como líder empresarial en el desarrollo de pequeños negocios y sus distritos, en las Islas Vírgenes americanas. Retirada hoy en día de dicha compañía, ostenta un reconocimiento como la sexta Coordinadora Regional de mayor productividad y excelencia a nivel nacional. Es una mujer multifacética que también fue Agente Investigadora del Cuerpo de Investigación Criminal de la Policía de Puerto Rico. En el año 2010, fue ordenada y licenciada oficialmente como Capellana de la *Chaplains Federation International, Inc.*, PA., en la cual ascendió a Capitán General del

Caribe de dicha organización, autorizándola a proveer entrenamientos, así como ordenación de capellanes. Perteneció por 25 años a *Saint Thomas Assembly of God Church*, a quienes recuerda como un "oasis de amor y esperanza"; años que ella describe como un poderoso proceso de entrenamiento y empoderamiento productivo. Su pastor y mentor fue el Dr. George E. Phillips. Como líder, se desempeñó, además, en la Junta Directiva y otros ministerios. Su capacitación y dieciséis años de experiencia como Coordinadora de Danza Sacra han sido internacionalmente instrumentales, entrenando, escribiendo planes de estudio y fundando ministerios de adoración en danza a través del Caribe. En el año 2005, en un acto de unidad cristiana, fue autorizada por su pastor a incorporarse en las Misiones del Caribe Hispano con *New Testament Church of God*, en St. Thomas. Su primera asignación fue asistir a la nueva pastora local hispana en traducir, enseñar, desarrollar líderes y expandir áreas de evangelismo con mucho éxito. Después de siete años de colaboración, en una ceremonia memorable (2011), oficialmente se incorpora como miembro de *Mount Zion New Testament Church of God, VI*, y es ordenada públicamente como Ministro de la Iglesia de Dios, bajo el pastor y obispo Earl Harrison, Administrativo Territorial. Sirvió y fue certificada por la Junta de Capellanes y Cuidado Pastoral del Hospital Dr. Roy Schneider, designada por la Directora de Capellanes, Reverenda Toi Barbel Thomas. Por su espíritu fiel, excelencia y compromiso, esta mentora carismática ha sido galardonada con premios internacionales. Haciendo historia y junto al equipo de la Iglesia de Dios, fue cofundadora y codirectora de la Primera Extensión del Instituto Bíblico de la prestigiosa Universidad Teológica

Caribe de Puerto Rico, en St. Thomas. Ha sido codirectora y profesora del Instituto Bíblico Sabiduría en Islas Vírgenes, Islas Británicas e Islas Saint Maarten, bajo la supervisión del Instituto SEBID de la República Dominicana. En los años 2010 y 2011, fue incluida en el Registro de Ejecutivos y Profesionales de más logros en Estados Unidos, de la distinguida Organización Madison *Quién es Quién en América*. Además, entre otros, recibió el Certificado Especial de Reconocimiento por sus servicios ministeriales, del miembro del Congreso de los Estados Unidos Donna Christian Christiansted. En su interés por la educación continua, cursó estudios de Capellanía Comunitaria y Cuidado Pastoral, con el obispo Ismael Ponce Hernández, Coordinador de la Comisión de Capellanes de la Iglesia de Dios del Caribe y Latinoamérica, quien es su pastor local de la Iglesia de Dios en Parcelas Hill Brothers, en Puerto Rico, donde actualmente reside. En el año 2017, el Obispo Administrativo Ricardo López Ortiz, de la Oficina Nacional de la Iglesia de Dios Mission Board en Puerto Rico, le otorga un reconocimiento por su Servicio Ministerial al Señor, ardua dedicación, pasión y entusiasmo por la Educación Cristiana, Capellanía y Misiones en Islas Vírgenes. En 2018, fue honrada con una Placa de Reconocimiento de la Comisión de Capellanes por su fiel colaboración y su continuo apoyo al Día Nacional del Capellán, y además honrada con la Medalla de Abnegación por su labor voluntaria en Enlace de Fe del Caribe. Flor pertenece a una familia pequeña y unida, la cual es la luz de sus ojos. Fue hija consentida, es hermana amada, amiga entrañable y fiel. Su filosofía de vida es el amor ferviente a Dios y al prójimo. Sabe que Dios la llamó y está dispuesta a pagar el precio del discipulado, servicio sacrificial voluntario y gozoso en el poder del Espíritu Santo. Su palabra favorita, cuyo significado engloba su misión de vida y compromiso, es *ginósko*: "Podrás conocer y comprender la obra de Dios y su gracia para ti después de que te rindas a Él y te empodere con su Espíritu Santo.".

www.ingramcontent.com/pod-product-compliance
Lightning Source LLC
Chambersburg PA
CBHW071002160426
43193CB00012B/1876